Kreativni centar

BIBLIOTEKA **BEZ DLAKE NA JEZIKU**

NACIONALNI PARK SRBIJA

NAPISAO
DRAGOLJUB LJUBIČIĆ MIĆKO

ILUSTROVAO DOBROSAV BOB ŽIVKOVIĆ

Kreativni centar

UZETO OD NARODA I VRAĆENO NARODU

Kada me je Mićko obavestio da se sprema deseto izdanje *Nacionalnog parka Srbija* (u tiražu od 10.000 knjiga po izdanju), na brzinu sam izračunao da je kroz tu baščukroz tu baščunaših naravi, običaja i plemensko-totemskih pojava prošetalo nekoliko stotina hiljada ljudi; jedna knjiga se obično čita u više pari očiju, plus obavezna izdanja „legalnih štamparija" pirata. Znači, interesovanje je bilo (ne)očekivano veliko, s obzirom na to da nam se više od pedeset posto „posetilaca" slabo razume u slova i sve oblike pisanog komuniciranja.

Baveći se naravima i „snalažljivošću" većeg dela našeg naroda, Mićko je, što lično – glumom, što pisanjem, što pričanjem, pristajao da se preodene u one kojima se smejao, rugao i koje je, bez naročitog skrivanja, prezirao.

I narod se smejao, i smejao, i smejao ... i mislio da je sve to samo šala, sve dok ne bi zaplakao i (kasno) se setio da je to već video, ali da tada nije verovao kako je TO baš toliko ozbiljno.

Ko se prošeta ovim parkom, srešće neverovatno raskošnu galeriju likova, tipova, protuva, pojava ... dvonožaca kojih nema ni u jednom drugom parku na svetu! (A i ako ih ima, onda nisu ovako posebni i „šarmantni".)

Kada se bude štampalo dvadeseto izdanje ove knjige vodiča, želja nam je da ona bude samo „spomenar" na neka vremena koja smo nekim čudom preživeli, ako se životom može zvati ovo što je (posle svega) ostalo od nas.

Dušan Kovačević

Beograd, septembar 2006. godine

ZAHVALNICE (KAO NA DODELI OSKARA) I REČ AUTORA UZ DESETO IZDANJE

Dobro došli u deseto, jubilarno izdanje *Nacionalnog parka SRBIJA*!

Ovo je dobar trenutak i dobro mesto da se u ime autora (Boba i mene) i izdavača (*Kreativni centar*), kaže jedno veliko HVALA svima vama koji ste prethodnih devet izdanja ove knjige pokupovali, pročitali ili učinili i jedno i drugo. Posebno hvala onima koji su posle toga ponovo hrlili u knjižare da bi kupili još primeraka, pa ih posle toga poklanjali onima za koje su znali da će ih knjiga pogoditi baš tamo gde treba.

A sada bih samo u svoje ime želeo da zahvalim svim osobama (i institucijama) koje su učestvovale u nastajanju *Nacionalnog parka SRBIJA* pre punih sedam godina, kao i onima koji su pomno pratili sudbinu svih dosadašnjih devet izdanja, deleći sa mnom radost i ponos zbog uspeha knjige.

Pre svega, zahvaljujem svima u *Kreativnom centru*, izdavačkoj kući koja je u leto 1999. godine, odmah posle bombardovanja, svom snagom stala iza ideje *Nacionalnog parka SRBIJA*, u trenutku koji je verovatno bio zgodniji meni za *pisanje* takve knjige nego njima za *izdavanje*. Po završetku pisanja bilo je potrebno mnogo istrajnosti i upornosti da se sve to adekvatno pripremi, odštampa, izda i distribuira, a s obzirom na moju naglašenu potrebu za kontrolom maltene svih faza tog procesa – hvala im i za strpljenje. Mislim da je vredelo, jer i dan-danas kad pogledam i prelistam tu knjigu – nemam ni jednu primedbu – sve je na svom mestu! I po pitanju sadržine, i po pitanju forme. Vidi se da je dobila svu potrebnu pažnju i vreme, što je važno, jer svaki put kad ne posvetimo dovoljno pažnje i vremena nečemu što nam je veoma bitno, posle žalimo zbog tih „trulih" kompromisa.

Ljilji Marinković, vlasniku i direktoru KC-a, posebno zahvaljujem, ali sada i kao uredniku, jer treba reći da nije dovoljno samo imati dobru ideju, pa čak ni staviti je na papir, da bi se dobila dobra knjiga. Apsolutno je neophodno da ceo postupak nastajanja knjige koordinira dobar urednik, a Ljilja je upravo to.

Zahvaliti Bobu Živkoviću na onome što je uradio za *Nacionalni park SRBIJA* nije nimalo lako, jer su njegove ilustracije važne koliko i tekst na osnovu kojeg su nastale. Uporedio bih Boba sa crtačima *Asteriksa* ili *Alana Forda*, jer je jedini, osim pomenutih, u stanju da me do te mere nasmeje i fascinira svojim idejama. A kada se taj njegov dar stavi u funkciju ilustrovanja knjige, to zaista postaje umetnost. E pa, upravo ta umetnost ilustracije, kojom je Bob dao poseban ton i upotpunio ugođaj *Nacionalnog parka SRBIJA*, jeste ono na čemu sam mu toliko zahvalan. Do te mere da mi dođe da ga nacrtam!

Ovde osećam potrebu da zahvalim i Jasminki Petrović, sjajnom dečjem piscu i mom prijatelju ženskog roda (prijateljica mi zvuči nekako površno u ovom kontekstu), bez koje možda nikad ne bi ni došlo do kontakta između *Kreativnog centra* i mene, a samim tim ni do ove knjige.

Hvala i Dušku Kovačeviću, velikom umetniku reči i slikaru naravi, na jezgrovitom osvrtu na ovu knjigu, kao i na prepoznavanju mojih motiva da je uopšte napišem.

I na kraju, jedna sasvim intimna zahvalnica... Zahvaljujem Nataši, koja je, pored toga što mi je sve ove godine bila životni partner i izdržala sve faze mog kreativnog rada, imala i neke sjajne ideje i komentare tokom pisanja ove knjige, pa nije bila samo pasivni kritičar onoga što sam napisao, nego vrlo često i aktivni predlagač boljih rešenja. Saveti, podrška i ohrabrenje koje sam od nje dobijao tokom čitavog procesa pisanja ove knjige bili su mi od neprocenjive vrednosti.

* * *

A povodom izlaska desetog, jubilarnog izdanja *Nacionalnog parka SRBIJA*, Bob Živković, *Kreativni centar* i ja dogovorili smo se da vam ponudimo samo jednu izmenu, i to estetsko-kozmetičku.

Dakle, pored toga što ćete moći da prošetate Nacionalnim parkom SRBIJA i sretnete njegove žitelje, jer sledi integralno, sadržinski netaknuto izdanje knjige iz 1999. godine, bićete u prilici da ga doživite u vizuelno oplemenjenoj verziji. Da bi ukupan utisak bio malo bogatiji, vedriji i živopisniji, Bob Živković je ponovo uzeo sve svoje bojice u sve svoje ruke i od sopstvenih sjajnih ali dvobojnih ilustracija napravio sjajne ilustracije u punom koloru! Zašto? Pa, tako mu došlo! A i hteli smo time da kažemo da je, i pored zapanjujuće mnogo sličnosti sa trenutkom u kojem je knjiga izdata, definitivno *došlo* do promena u nekim segmentima života u Nacionalnom praku SRBIJA: okrečene su i osvetljene neke fasade (koje su izgledale izbombardovano i mnogo pre bombardovanja), sređene su neke ulice i neki trotoari (sad ispade više trotoara nego ulica), gorivo se kupuje i sipa na pumpama (a ne na ćoškovima iz plastičnih flaša), pare se, osim po slamaricama, sve više drže po bankama (a ne po piramidalnim „štedionicama"), a menjaju u menjačnicama (a ne po pijacama i prljavim haustorima), postoje nekakvi krediti, neke kreditne kartice (rešenja, ali ponekad i zamke), onome ko zarađuje naplaćuje se porez, ali bar ne i porez na porez (a počelo je ponegde i da se vidi gde te pare od poreza odlaze)... Na kraju krajeva, i sami stanovnici Parka imaju malo više boje na licima, rumeniji su, verovatno zbog toga što ne preblede na smrt baš svake večeri dok gledaju *Dnevnik*.

Možda bismo i samo na osnovu ovih činjenica mogli da konstatujemo da su neke od najstrašnijih godina iza nas. Međutim, ne treba te iste nas potcenjivati kada je reč o neprevaziđenoj veštini za pravljenje svakojakih društveno-politič-ko-ekonomskih gluposti, od onih dnevnih, manje-više bezopasnih, pa sve do onih strateških, visokorizičnih gluposti, onih od najšireg i najdubljeg društvenog značaja.

Ali to je već tema za drugu knjigu. A pošto smo još uvek u ovoj, to bi bilo sve što sam hteo da vam kažem pre nego što krenete u još jedan, ovog puta koloritni obilazak Nacionalnog parka SRBIJA. Ipak, ne opuštajte se previše... Iako sada sve izgleda lepše, šarenije i pitoresknije, i dalje je to mesto na kojem u mnogo čemu dominira crno-beli pogled na svet.

Srećno!

Dragoljub Ljubičić Mićko

Nacionalni park SRBIJA, oktobar 2006. godine

PAŽNJA!

PRIBLIŽAVATE SE
NACIONALNOM PARKU SRBIJA!

(JOŠ TRI STRANE)

PAŽNJA!!

PRIBLIŽAVATE SE
NACIONALNOM PARKU SRBIJA!

(JOŠ DVE STRANE)

PAŽNJA!!!

PRIBLIŽAVATE SE
NACIONALNOM PARKU SRBIJA!

(JOŠ JEDNA STRANA)

UPOZORENJE!!!
ULAZITE U NEBEZBEDNU ZONU!

Odavde pa nadalje mogući su iznenadni inflatorni udari, Uredbe iz vedra neba, intenzivan pad standarda, kontinuirana erozija morala, hronično odronjavanje optimizma, plima primitivizma, povremene bujice vulgarnosti i visok talas kriminala.

Ne ulazite u Park bez najmanje jedne deblje knjige. Ona vam ovde može biti jedino oružje, pošto se neke od najopasnijih vrsta ne plaše ni noža, ni metka, ni bombe, ali beže od knjige kô đavo od krsta.

Pre nego što se rampa podigne i uđete unutra, dobro bi bilo da znate da Nacionalni park SRBIJA samo geografski pripada Evropi. Svaka druga sličnost je istorijska i prividna.

Ne ulazite u Park ako niste obezbedili višemesečne zalihe svega i svačega. Ako ne volite zalihe, onda obezbedite dovoljnu količinu novca koji se koristi u Nacionalnom parku NEMAČKA, da biste mogli da nabavite sve što vam treba, bez većih problema.

Posle izvesnog vremena provedenog u Nacionalnom parku možete doživeti mučninu, blagu vrtoglavicu, gušenje, nagon za povraćanjem, ograničenu pokretljivost, hladnoću, pa čak i glad... Ne obraćajte pažnju, to je sasvim normalno. Veliki broj stanovnika Parka to isto oseća više od deset godina, pa ništa.

Ukoliko imate Staru Deviznu Štednju, ostavite je napolju, van Parka. U suprotnom, biće vam brutalno oduzeta i surovo zaboravljena.

Ukoliko ste i sami nepismeni, ne ulazite bez nekog ko je pismen, da bi vam ovo pročitao. Ukoliko ste pak nepismeni, a nemate nikog pismenog sa sobom, onda smo sve ovo za džabe pisali.

Obratite pažnju: u Parku postoji ogroman broj nepismenih maskiranih u pismene! Čuvajte ih se, mogu da budu vrlo opasni!

Ukratko, od ovog trenutka pa nadalje – ne očekujte ništa posebno, ali budite spremni na sve.

ULAZ

Nalazite se na samom ulazu u Nacionalni park SRBIJA. S obzirom na to da ste i pored tolikih upozorenja stigli dovde, sad možete malo da se opustite i pripremite za ono što sledi.

Nemoguće je precizno reći koliko je veliki Nacionalni park SRBIJA. Možda bi najtačnije bilo konstatovati da „nije mali, nije mali...". Ipak, njegova veličina se progresivno smanjuje, usled nekih dosad nedovoljno proučenih pojava. To smanjivanje najteže pogađa upravo živi svet.

Raznovrsnost živog sveta u Nacionalnom parku SRBIJA i upadljiva različitost nekih vrsta od njihovih rođaka koji žive u drugim podnebljima, glavni su razlozi što se pristupilo izradi ovakvog priručnika, koji bi trebalo da pomogne eventualnom posetiocu Nacionalnog parka SRBIJA da se u njemu što brže i što bolje snađe, a ako mu to ne uspe, da bar lakše shvati šta mu se to, unutar Parka, događa.

Na sledećim stranicama upoznaćete, ako već niste, predstavnike nekih vrsta koje žive u Nacionalnom parku SRBIJA. Poreklo tih vrsta, njihova staništa, ishrana, razmnožavanje, podvrste, prirodni neprijatelji, odnos prema drugim vrstama samo su neke od tema u ovoj, ozbiljno zamišljenoj, ali neozbiljno realizovanoj studiji. Budući da je izabran socio-etno-psihološko-kulturološko-patološki pristup, bilo je neophodno pomoći se i *šarlatinskim* jezikom kod bližeg određivanja imena vrsta, pojava i epoha (*šarlatinski* – šareni latinski, latinski prošaran srpskim).

Nemoguće je, i nepotrebno, pomenuti i obraditi baš sve vrste koje postoje u Parku. Odabrane su samo one koje su nastale ili najviše mutirale u poslednjoj deceniji XX veka. Pri tom treba imati na umu da nastajanje i mutiranje nekih vrsta i nije završen proces. On je u toku čak i dok ovo čitate.

A sada, kada ste dobro pripremljeni i upozoreni, možete slobodno da priđete. Rampa će se ubrzo podići i vi ćete biti u prilici da se bliže upoznate s Nacionalnim parkom SRBIJA i njegovim najživopisnijim žiteljima.

Rampa na ulazu u **Nacionalni park SRBIJA** se, posle više od sata čekanja, podigla i vozač je startovao motor kako bi, konačno, prešao granicu. A onda se, tik ispred kola, stvorio On. Namrgođen, brkat i raskopčan. Krupan primerak. Sav u zelenom. Pokazao je rukom da se ugasi motor i lagano obišao oko kola, sa izrazom na licu kao da nešto smrdi. Zastao je kod vozačevih vrata i pokazao rukom da se otvori prozor. „Putne isprave...", promrmljao je. Vozač je pružio odranije pripremljene pasoše svih putnika. Krupni ih je dugo studirao, duboko i šumno dišući. „Izađite napolje...", rekao je vozaču, stavljajući pasoše u džep na bluzi. Vozač je izašao i stao pored kola, u iščekivanju. Krupni ga je oštro pogledao: „Šta si mislio, da ti ja persiram?! IZLAZI, BRE, SVI IZ KOLA!!! ODMA'!" Dok su putnici navrat-nanos izlazili, on se odmakao par koraka, izvadio iz džepa tanke hirurške rukavice i počeo pažljivo da ih navlači na jednu, pa na drugu ruku. ULAZI UNUTRA, PA JEDNO PO JEDNO U SOBU S KABINAMA. SKIDAJ SVE SA SEBE, UĐI U KABINU, NASLONI SE NA ZID SA OBE RUKE, OPUSTI MIŠIĆ I ČEKAJ DALJA NAREĐENJA! SLEDI PREGLED! I NEMOJ DA BI NEKO NEŠTO SLUČAJNO PREMEŠTÔ IZ DŽEPA U DŽEP ILI IZ NEČEG DRUGOG U DŽEP! JE L' TO JASNO?!

NADRNDANI CARINSKI SLUŽBENIK
(Drndus murius pauza)

Nadrndani (ponekad se može naći i kao **Frustrirani**) **Carinski Službenik** je vrsta koja je nastala ukrštanjem tri različite vrste: **Normalnog Carinskog Službenika** (šarlatinski – *Drndus pasport*),

Mrkog Uličnog Pandura *(Mupus murius)* i **Divljeg Šalterskog Službenika** *(Nervozus shicanorum pauza)*.

Potreba da se ulazak u Nacionalni park SRBIJA i izlazak iz njega kontrolišu drndanjem postoji odavno. Pošto nije bilo moguće postaviti **Mrkog Uličnog Pandura** da sam kontroliše granicu Parka sa **Neprijateljskim Svetom** *(Trulus zapadus)* →, a s obzirom na to da postavljanje samo **Normalnog Carinskog Službenika** ili **Divljeg Šalterskog Službenika** nije bilo dovoljno komplikovano, pristupilo se ukrštanju te dve vrste sa **Divljim Šalterskim Službenikom**, kako bi novostvoreni hibrid zadovoljio sve neophodne kriterijume za takvu kontrolu:

a)

b)

c)

– **nadrndanost**
(urođeno ili uvežbano odsustvo dobrog raspoloženja)
– **panduravost**
(njuškanje za svim i svačim, uvlačenje pretpostavljenom)
– **divljost**
(agresivnost u ponižavanju žrtve)
– **šalteravost**
(snalažljivost u birokratskom komplikovanju)
– **pauzofilija**
(ljubav prema izlaganju žrtve bezrazložnom čekanju).

Eksperiment je uspeo u potpunosti i tako se rodio **Nadrndani Carinski Službenik**. Danas u Nacionalnom parku SRBIJA ima mnogo više **Nadrndanih** od **Normalnih Carinskih Službenika**.

Posledica eksperimenta su i neki neželjeni efekti. Na primer, **pauzofilija** je postala toliko dominan-

tna osobina da se čekanje više ne meri minutima i satima, već danima i nedeljama.

Kao jedan od neželjenih efekata, pojavila se i **podmitljivost** ← .

Nadrndani Carinski Službenik je vrsta koja je stvorena za lov na sve ono što hoće da pređe granicu Parka. To je njegova jedina funkcija i zato je na svim ostalim planovima mnogo manje zanimljiv. Treba reći da ima istančan njuh i da je istreniran da otkrije sve ono što miriše na luksuznu robu (u Nacionalnom parku SRBIJA luksuz su salama, sir, ulje, toalet-papir, gorivo itd.). U tom procesu Nadrndani Carinski Službenik često doživi i *šmek-šok (mirisni udar)*, naročito kad njuška po prljavim gaćama onih žrtava koje su već upotrebljen veš morale ponovo da oblače, čekajući danima da pređu granicu.

VESTI

VESTI

VESTI

Pet sati ujutru u Nacionalnom parku SRBIJA. Većina žitelja još uvek spava. Tiho je. Tišinu remeti samo jedan zvuk... To je šuškav zvuk savijanja upotrebljavane najlon kese koja se sprema da primi u sebe novine na koje se pomisli kad se kaže „novine" i – još jednu najlon kesu. Onu iz koje curi kratkotrajno mleko. To je mleko koje živi jako kratko – samo veoma rano ujutru, jer ga tada grabi jedna od najugroženijih vrsta u Nacionalnom parku SRBIJA...

GOLUŽDRAVI PENZIONER
(Penzos vulgaris)

Jedan naučni tim je došao do zaključka da se **za vreme tzv. Grejne Sezone** (*Cvokotarium*) iz godine u godinu sve više smanjuje broj vrsta u Nacionalnom parku SRBIJA, a da je Goluždravi Penzioner jedna od onih vrsta koje najbrže nestaju. Razloge za to najverovatnije treba tražiti u neprirodnom fenomenu pod imenom **kašnjenje Penzijice** →.

Razlikujemo više podvrsta **Goluždravog penzionera.** To su:
Civilni Penzioner
(*Penzos comunalis*)
Vojni Penzioner
(*Penzos militaris*)
Invalidski Penzioner
(*Penzos apotecus*).

GNEZDA

ŽENKA

MUŽJAK

RED

RED

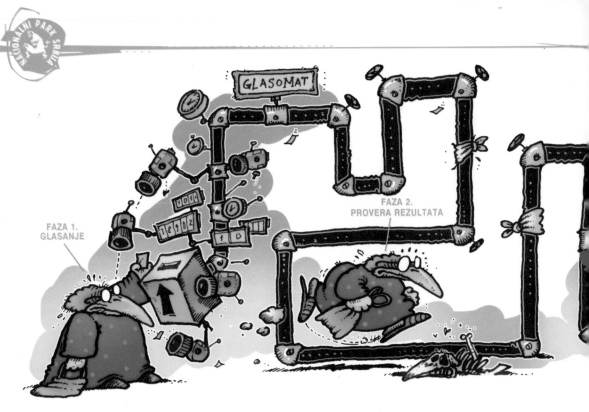

Podvrste Goluždravog Penzionera međusobno se ne razlikuju po izgledu, već po mestu na kojem se gnezde. Vojni Penzioner se, recimo, najčešće gnezdi na šestom i višim spratovima šume novobeogradskih solitera, gde se mogu naći čitave kolonije.

Druge dve vrste pak vole da se gnezde u redovima. Civilni Penzioner – *Penzos comunalis* – kao što mu i ime kaže, najčešće pravi gnezdo od svakojakih papira i računa, na šalterima za struju i **komunalije** i to sredinom meseca, dok Invalidski Penzioner – *Penzos apotecus* – gnezdo pravi od gomila uputa i recepata na šalterima zdravstvenih ustanova, i to preko cele godine.

Zanimljivo je to što, usled fenomena kašnjenja Penzijice, gotovo **sve podvrste Goluždravog Penzionera veoma retko i malo jedu**, a i kad jedu, **uglavnom zobaju mrvice**. Ono po čemu se, međutim, bitno razlikuju od drugih u Nacionalnom parku SRBIJA je to što kod svih ostalih vrsta odrasli hrane svoje mladunce, dok je ovde uglavnom suprotno: **mladunci Goluždravog Penzionera hrane svoje roditelje**. Jedino čime se Goluždravi Penzioner sam hrani jesu informacije sa državnih medija koje veoma uredno, rado i lako guta i to u velikim količinama, ali one su, na nesreću, najčešće za njega otrovne.

Mužjaka i ženku Goluždravog Penzionera veoma je teško razlikovati. Na primer, ni jedno ni drugo nemaju bogato perje, kreću se sporo i povijeno, po ceo dan pevaju istu pesmu, a zanimljivo je i to što u **sezoni glasanja** i jedno i drugo daju od sebe isti glas. Doduše, jedna od razlika je u tome što se mužjaci preko dana sjate u park i gledaju kako dvojica od njih jedu jedan drugog.

Goluždravi Penzioner je dobar lovac. Naoko nije preterano gibak i pokretljiv, ali dođe li do prilike za bilo kakav ulov – spreman je na mački skok. To se naročito vidi u situacijama u kojima smatra da je ugroženo njegovo prirodno mesto u redu za namirnice ili pred

FAZA 3.
ZASLUŽENA MIZERIJA

šalterom.

Tada dobija neverovatnu snagu i, tako razjaren, u stanju je da protivnika izgura na smrt.

Goluždravi Penzioner ima više prirodnih neprijatelja. To su, pre svih: **Republika Srbija** (*Yugoslavius*) i **Divlji Šalterski Službenik** (*Nervozus shicanorum pauza*).

Međutim, možda najveću opasnost po Goluždravog Penzionera predstavljaju – njegovi mladunci, kojima u jednom trenutku može da dosadi to što hrane svoje roditelje, pa mogu da reše da ih prepuste samima sebi, s nadom da će se tako najlakše i najbrže dočepati njihovog gnezda. Pri tom zaboravljaju da svi u Nacionalnom parku SRBIJA, pa i oni, jednog dana postaju Goluždravi Penzioneri.

ZA ONE KOJI ŽELE DA ZNAJU ŠTA JE...

→Kašnjenje Penzijice

Neprirodna pojava usled koje dolazi do ubrzanog nestanka **Goluždravog Penzionera** iz Nacionalnog parka SRBIJA.

Ishrana Goluždravog Penzionera u potpunosti zavisi od jednomesečne biljke koja se zove Penzijica (*Myzeria*). Tačnije, to je *nekad* bila biljka koja je plod donosila jednom mesečno. Naglom promenom političko-ekonomske klime u Nacionalnom parku SRBIJA, plod Penzijice je malo-pomalo počeo da zakržljava, da kasni sa pojavljivanjem i po više meseci i da, kada se pojavi, traje samo nekoliko dana. To je izazvalo ozbiljne poremećaje u ionako krhkom metabolizmu Goluždravog Penzionera i od tada se broj primeraka ove vrste ubrzano smanjuje, a Penzijica je od tolikog zakržljavanja postala mikroskopski mala i čim se pojavi – gotovo trenutno ispari, ostavljajući iza sebe samo plaćen račun za struju.

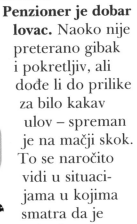

MYZERIA

Teško je proći Nacionalnim parkom SRBIJA, a ne primetiti markantno stvorenje koje stoji na ćošku i specifičnim zvukom pronalazi partnere za jedan od najneobičnijih rituala u Nacionalnim parkom SRBIJA: ritual kupoprodaje deviza.

Upoznajmo sada pripadnika vrste koja je nastala nedavno, ali se već smatra jednom od najžilavijih i najizdržljivijih u čitavom Nacionalnom parku. To je...

LAŽNI PROIZVOD
(SLUŽI DA SE DILER
MASKIRA I ZAVARA
PROTIVNIKE)

MARKANTNI ULIČNI DILER
(Devizus devizus devizus)

Markantni Ulični Diler **živi isključivo u predelima sive i crne ekonomije**. Odlično se prilagodio, jer su tu česte i obilne padavine dinara, pa je stoga i veoma bujna inflacija. Markantnog Uličnog Dilera posebno mnogo ima na mestima na kojima ima **Keša** (*Gotovinae*), relativno retke biljke sa novčanicama umesto listova.

Markantni Ulični Diler je po prirodi samac, ali ponekad možemo videti i po nekoliko primeraka na jednom mestu, što obavezno znači da je u izgledu dobar ulov. Ipak, Markantni Ulični Diler veoma poštuje tuđu teritoriju.

Uglavnom ga možemo naći na ćoškovima Nacionalnog parka SRBIJA, oko pijačnih pojila, ispred ušća u banke, dakle, na svim onim mestima na kojima često prolaze pripadnici drugih vrsta. U skrovištu ga je nemoguće videti, jer ga odlično krije.

Metabolizam Markantnog Uličnog Dilera u potpunosti zavisi od plavičastozelene biljke Devize (*Devizus*), po kojoj je i dobio ime, a koja u Nacionalnom parku Srbija uspeva samo u uslovima nestabilne ekonomske klime. Kada zbog stabilne ekonomske klime na ulici ponestane deviza, Markantnog Uličnog Dilera jednostavno nema, kao da je izumrla cela vrsta. Međutim, upravo tada njegova žilavost dolazi do izražaja: onog trenutka kada se usled pogoršanja ekonomske klime naoblači toliko da ponovo počne da pada dinar, eto i Markantnog Uličnog Dilera, koji izlazi iz svog skrovišta i nastavlja da se pari.

Markantni Ulični Diler živi radi parenja. To se kod njega zove „oparenje". Ima potrebu da se opari svakog dana, pa i po nekoliko puta dnevno. Zanimljivo je da mu za to nije potrebna ženka, već žrtva. Sam proces je veoma brz i obavlja se uglavnom po tamnim ulazima i zatvorenim automobilima. Tek, posle samog oparenja, oplođen sa bar 10%, a da bi nastavio vrstu, kratko leži na parama i brzo ih, da bi se razmnožile, pušta na ulicu. Kad je keša dovoljno na ulici, formiraju se, kao pečurke posle kiše, novi Markantni Ulični Dileri.

Unutar vrste Markantnog Uličnog Dilera **postoje i podvrste**

DEVIZUS DEVIZUS

DEVIZUS ISPODTEZGUS

DEVIZUS ISPREDBANKUS

MARKANTNI ULIČNI DILER

DINARSAURUS CONVERTIBILIUS

koje se međusobno razlikuju isključivo po mestima na kojima sačekuju svoje žrtve. To su:

– **Francuski Ulični Diler** (*Devizus devizus*), o kome smo ovde uglavnom i pričali, zatim

– **Pijačni Diler** (*Devizus ispodtezgus*), i na kraju

– **Državni Diler** (*Devizus ispredbankus*).

Zanimljivo je da se **poreklo** Markantnog Uličnog Dilera kao vrste vezuje za jednu vrlo komplikovanu promenu političko-ekonomske klime koja se dogodila u Nacionalnom parku SRBIJA pre izvesnog vremena. Ta promena je izazvala degeneraciju i skoro potpuni nestanak mnogih vrsta u Nacionalnom parku SRBIJA, ali malo šta se može uporediti sa katastrofom koja se dogodila jednoj, u tom periodu otpornoj i dugovečnoj vrsti – **Dinarsaurusu** (*Dinarsaurus convertibilius*) →.

Prirodni neprijatelji Markantnog Uličnog Dilera jesu upravo **Dinarsaurus**, u onim retkim periodima kada je jak i stabilan, i **Slobodno Tržište Deviza** (*Libero marconi*).

Svojevremeno je Markantnom Uličnom Dileru pretila svakodnevna opasnost i od pripadnika vrste **Mrki Ulični Pandur** (*Mupus murius*), s kojim deli isto stanište – ulicu, i koji ga je ranije često i rado lovio, ali danas te opasnosti gotovo i da nema, pa Markantni Ulični Diler može slobodnije i mirnije nego ikada da živi u Nacionalnom parku SRBIJA.

ZA ONE KOJI ŽELE DA ZNAJU ŠTA JE...

→Dinarsaurus *(Dinarsaurus convertibilius)*

Posle dužeg perioda loše ekonomske klime došlo je, bukvalno preko noći, do fantastičnog razvedravanja. Sve je počelo da buja, da se razvija, da cveta. Postojali su idealni uslovi za rast i razvoj Dinarsaurusa, koji je tada bio toliko moćan da je mogao, bez po muke, da se pretvori u bilo šta – recimo u **Markosaurusa** *(Marcosaurus germanus)* ili u **Dolarsaurusa** *(Dolar-saurus americanus)* – u zavisnosti od potrebe. Ta osobina se zvala konver-tibilnost, a čitav taj period zvali smo **Anteozoik**.

Međutim, to nije dovoljno dugo potrajalo. Ponovo preko noći dolazi do burnih klimatsko-ekonomskih promena i dejstvom raznoraznih kata-strofičnih pojava *(Ratus, Sanctius, Yugoscandicus, Dafimenticus)*, od kojih su se neke ciklično ponavljale, rast i razvoj Dinarsaurusa biva surovo pre-kinut. On gubi svoju prirodnu osobinu pretvaranja u Markosaurusa i Dolarsaurusa, sve više slabi i po stopi od desetak i više posto mesečno – počinje da izumire.

Tada stupa na scenu **Markantni Ulični Diler**, koji živi od toga što, imitirajući konvertibilnost kao zakržljalu osobinu zakržljalog Dinarsa-urusa, određuje u procesu svog oparenja kada će se, u kom odnosu i u šta Dinarsaurus pretvoriti, čineći ga tako, iz dana u dan, finansijskim patuljkom.

RATUS
SANCTIUS
YUGOSCANDICUS
DAFIMENTICUS

MARCOSAURUS

U lica je mesto koje predstavlja stanište mnogim žiteljima Nacionalnog parka SRBIJA. Tu im se događa život u svim oblicima. Nekad je to lepa strana života, puna sunca, radosti, para i sloge među vrstama, a nekad ona druga, koja se sastoji od mraka, bola, nemaštine, nasilja i otimačine.

Postoji vrsta u Nacionalnom parku SRBIJA koja se razvila upravo zbog toga što postoji ta druga, mračnija strana života na ulici. Po toj tamnoj strani je i dobila ime **Mrki Ulični Pandur** (*Mupus murius*). Skraćeno – **MUP**.

MRKI ULIČNI PANDUR
(Mupus murius)

M rkog Uličnog Pandura ćemo lako prepoznati: pandur je, mrkog je izgleda, na ulici je. Dok se većina stanovnika Nacionalnog parka SRBIJA trudi da na ulicu izađe samo kad mora, a i tada nakratko, Mrki Ulični Pandur je na ulici stalno i tu se snalazi kao riba u moru. Tu on pronalazi sebe (i sve druge), tu živi, lovi, a tu se u slučaju potrebe i umnožava u **Kordon** (*Cordonum batinarium*) →.

Mrki Ulični Pandur niti ima podvrste, niti mutira u bilo šta drugo, čak ni kad se penzioniše. Za njega važi izreka: **Jednom Murius – uvek Murius**.

Mrki Ulični Pandur je svaštojed. Ipak, uglavnom se ne usuđuje da lovi nekog krupnijeg **Domaćeg Kriminalca**, kao što je **Teški Mafijaš** (*Crimos mafiosus*), jer je on prevelik zalogaj za njega. Čak izbegava da se ustremi i na nešto sitnijeg **Ćelavca Običnog** (*Glavus obrianus*). Tu i tamo skače na **Švercera Cigareta** (*Torbacus tobacus*) ili, ređe, na **Markantnog Uličnog Dilera**

(Devizus devizus devizus), koji mu je čak i neki dalji rođak, po ulici. Pošto od tog ulova ne može da nahrani čak ni sujetu, to ga čini još mrkijim.

Mrki Ulični Pandur lako se dresira za različite zadatke: da donese švercovanu robu, da se pritaji u žbunju i iskoči s uključenim radarom, da vidi i najsitnije prekršaje, a da istovremeno ne vidi one najkrupnije itd. Dalji rođak Mrkog Uličnog Pandura je **Ležeći Ulični Pandur** *(Mupus carterlupus)*.

Mrki Ulični Pandur se posebno dresira da lovi pojedine primerke ili vrste. To su:

1. Promenljivi Student *(Academus meander)*, koji na ulici često traži promene (što mu i ime kaže). Tada Mrki Ulični Pandur koristi i **Pendrek (?)** →.

2. Zapostavljeni Građanin *(Trinaestus prasus)*, kada se okuplja na ulici gladan plodova biljke **Ustavna prava i slobode** *(Civilizatium mini-*

mum), koji su mu neophodni da bi uopšte mogao da preživi kao vrsta.

3. Goluždravi Penzioner *(Penzos vulgaris)*, i to sve tri podvrste *(P. Comunalis, P. Militaris, P. Apotecus)*, kome Mrki Ulični Pandur uživa da naplati prelazak van pešačkog prelaza kad se ovaj okupi na ulici povodom kašnjenja **Penzijice** *(Myzeria)*.

ZA ONE KOJI ŽELE DA ZNAJU ŠTA JE...

→Pendrek (?)

Tvrdog porekla. Nedovoljno ispitan. Ko god je prišao dovoljno blizu da ga ispita, posle ga je bolela glava i nije mogao ničeg da se seti.

TEŠKI MAFIJAŠ
(NEVIDLJIV ZA MUP-a)

ĆELAVAC OBIČNI
(NEVIDLJIV ZA MUP-a)

ZAPOSTAVLJENI
GRAĐANIN

GOLUŽDRAVI
PENZIONER
(VIDLJIV)

PROMENLJIVI
STUDENT
(MUŽJAK)

PROMENLJIVI
STUDENT
(ŽENKA)

S Mrkim Uličnim Pandurom se jednostavno komunicira. On koristi samo deset rečenica. Ako ih znate, nećete imati problema u sporazumevanju s njim.

ŽRTVA   MUP

1. *Dobro veče, vozačku, saobraćajnu.*
2. *Jeste nešto popili?*
3. *Ajde malo da duneš...*
4. *Imate li nekog oružja?*
5. *Otvori gepek!*
6. *Je l' znate koji ste prekršaj napravili?*
7. *'Oćeš da platiš il' da pišem prijavu?*
8. *Je l' mnogo 100 dinara?*
9. *U kom pravcu idete?*
10. *Je l' bi' mogô ja s vama donekle?*

ZA ONE KOJI ŽELE DA ZNAJU ŠTA JE...

→Kordon (Cordonum batinarium)

Sasvim poseban organizam, sastavljen od više Mrkih Uličnih Pandura povezanih ujedno. Na iste podražaje reaguje potpuno drugačije nego Mrki Ulični Pandur – jedinka. Iako bi se moglo očekivati da je to biće naprednije od jedinke, upravo je suprotno. Naime, **Kordon je na nižem stupnju razvoja**, nije u stanju da sam rasuđuje, niti je u stanju da se samoorganizuje. Potpuno je zavisan od **Komandira** (Mrki Ulični Pandur sa čvarcima).

Logično je da tako jednostavan stvor kao što je Kordon ima i jednostavnu funkciju. Ona se sastoji iz samo dva elementa – **stajanje** i **jurišanje**. Stajanje obuhvata i **sprečavanje**, a jurišanje podrazumeva i **batinanje**. Prosto kô pasulj. Zato i funkcioniše.

MUP – OBIČNI

MUP + MUP + MUP + MUP + MUP + MUP + MUP + MUP + MUP + MUP + MUP + MUP + MUP + MUP + MUP = KORDON

Lovi u mutnom. Leži na parama. Jede po kafana-ma. Pije po kafićima. Ima ga svuda. Uvek je „u ne-viđenoj gužvi".

SRPSKI BIZNISMEN
(Camionus avionus)

Srpski Biznismen **spada među najprilagodljivije vrste u Nacionalnom parku SRBIJA**. I on i **Pokvareni Političar** (*Smradus bescrupulozus*) vuku poreklo od istog pretka. To je **Snalažljivi Srbin** (*Srbianus flexibilia*), vrsta koja je nastala i opstala na ovom podneblju.

Ako neko želi da Srpskog Biznismena izvuče iz jazbine, dovoljno je da upotrebi stari srpsko-biznismen-ski mamac: da mu podmetne žrtvu

koja ima specifičan miris. To je miris lakog posla s minimalnim ulaganjima i enormnom zaradom za najkraće moguće vreme.

Srpski Biznismen je svaštojed. U njegovoj jazbini uvek se mogu naći: maline, kafa, ulošci, zejtin, žvake, sapuni, ekseri, mleko u prahu, rezana građa, čokolade, toalet-papir, lekovi, deterdžent, šećer i dizel gorivo.

Poneki primerak Srpskog Biznismena **može da bude i veoma opasan** ukoliko primeti da neko drugi upada na njegovu **Ekonomsku Teritoriju** (*Quotum contingentum*). Tada počinje bespoštedna borba za enormnu zaradu, koja se ponekad završava i onim najgorim što Srpskog Biznismena može da snađe – carinjenjem.

Srpski Biznismen se lako prepoznaje po karakterističnom zvuku **Mobilnog Telefona** (*Zvrndus nonstopus*)→. Naime, što je melodija kojom Mobilni zvoni nežnija, umilnija, to je Srpski Biznismen spremniji na sve. Najoprezniji treba biti kada se začuje Betovenova *Für Elise*.

Zanimljiv je i način **komunikacije** Srpskog Biznismena sa

onim ko mu treba. Sledi **telefonski razgovor** između Srpskog Biznismena i pripadnika degenerisane vrste **Alavi Društveni Direktor** (*Pustahius economiae*) →. Oni već dugo di$kretno $arađuju, na obo$trano zadovolj$tvo.

PRIVATNIK: Halo?
DRUŠTVENJAK: Ja sam...
PRIVATNIK: Ooooo, moje poštovanje, jeste dobro, šta ima novo?
DRUŠTVENJAK: Ma, nije dobro... Nešto mi se pokvario auto...
PRIVATNIK: Nikakav problem. Poslaću dečka da ga odveze i popravi.
DRUŠTVENJAK: Dobro, nego ... moja žena bi malo u Rim ... porodično...
PRIVATNIK: Samo recite datum i koliko bi da ostane ... s porodicom.
DRUŠTVENJAK: Ma, desetak dana... Nego, nema keša. A, kaže – skupooo!...
PRIVATNIK: Doneće dečko. Nego ... 'oće li moći ono što smo pričali?...
DRUŠTVENJAK: Slušaj, za tebe sve ima da može... Javi se kad se vratim.

Postoji i **ženka Srpskog Biznismena** koja ne samo što liči na **mužjaka** već pokazuje i tendenciju da se pretvori u njega. To je zanimljivo zbog toga što kod Srpskog Biznismena **do oparenja dolazi isključivo među mužjacima**. Kada oni jedan drugog u sezoni oparenja namirišu, odmah dolazi do ljubavno-finansijske igre: sve počinje nežnom razmenom vizitkarti, zatim dolaze strasni pozivi Mobilnim u svako doba dana i noći, kao i slanje perverznih profaktura. Zatim slede sastanci udvoje uz šaputanje procenata na uvo i pominjanje bezobraznih ali uzbudljivih reči (šticung, ulični kurs), kao i uvođenje nekih elemenata sado-mazohizma (Hoću i ja da budem dobar... Nemoj mnogo da me odereš... Slobodno ga zavrni, boli me dupe...). Po uspešno

završenom poslu sve se kruniše **intimnim obrokom**, koji obojicu mužjaka ostavlja potpuno opijenim neko vreme (obično do jutra).

PROCES OPARENJA

ZA ONE KOJI ŽELE DA ZNAJU ŠTA JE...

→Mobilni Telefon (*Zvrndus nonstopus*)

To je izraslina koja spaja ruku i uvo Srpskog Biznismena. Imaju je još neke vrste. Ima neobičnu osobinu da **zvrnda non-stop** (otud ime). Budući da Mobilni Srpskom Biznismenu predstavlja **seksual-no-finansijski simbol**, on ga uvek drži u ruci, sem ako ga ne zadene za kaiš. Kad ima dodatnu potrebu da mu se čuje i da mu ga vide, on ga izvadi i stavi ga na sto. **Mnogo je nesrećan ako je nečiji manji od njegovog** (što, priznaćete, ne zvuči logično s obzirom na to da je reč o mužjaku). Ako mu Mobilni slučajno crkne, Srpski Biznismen deluje potpuno izgubljeno, sve dok mu ne izraste novi, skuplji – i manji.

Često se mogu videti dva primerka Srpskog Biznismena kako sede u kafiću/kafani i svako razgovara svojim Mobilnim. To ne samo da nije nepristojno u njihovom svetu već je i poželjno, jer ostavlja utisak srpsko-biznismenske gužve i srpsko-biznismenske zaposlenosti, što je, opet, deo igre zavođenja pred oparenje. Ponekad oni Mobilnim razgovaraju i međusobno, dok su za istim stolom, jer ih to dodatno stimuliše.

ZA ONE KOJI ŽELE DA ZNAJU ŠTA JE...

→**Alavi Društveni Direktor (*Pustahius economiae*)**

Pripadnik degenerisane vrste koja postoji samo još u Nacionalnom parku SRBIJA. Drugde je izumro usled sasvim prirodne pojave u svim Socijalističkim nacionalnim parkovima, koja se zove **Transformacija Društvenog Kapitala** (*Pocradus firmus*). Transformacija je veoma složen i nedovoljno objašnjen proces koji nikome, pa ni Alavom Društvenom Direktoru nije jasan, ali mu to ne smeta da tokom tog, i bilo kog drugog procesa, pokaže svu svoju alavost.

Mnogo je, međutim, lakše razumeti podelu Alavih Društvenih Direktora na tri podvrste, prema onome šta jedu:

Prasista (*Prasus terminator*)
Janjičar (*Yagus brigadus*)
Kobasičar (*Hasus cobasus*).

JEDAN DAN ŽIVOTA

J utro. Džipom ulazi u butik. Srča, ša-maranje, vika, tupi udarci, tišina. Izla-zi s novcem. Ulazi u džip. Staje pred poslovnom zgradom. Ulazeći nokautira portira koji pokušava da ga legitimiše. Liftom do vrha. Posle deset minuta silazi, brišući sa cevi pištolja pljuvačku finansij-skog direktora. Pare su u džepu. On je u džipu. Podne. Ruča u skupom restoranu sa jeftinom ženkom. Dnevnom ženkom. Ide u kafić. Sreće pripadnike svoje vrste i ritualno se ljube. Ide u drugi kafić. Sreće pripadnike svoje vrste i ritualno se ljube. Ide u treći kafić. Sreće pripadnike svoje vrste i ritualno se ljube. Veče. Noć-na ženka. Kockarnica, stotine plavih nov-čanica, rulet. Viski u ogromnim količina-ma. Galama, smeh, provokacije. Dva sata kasnije izlazi, glavom kroz staklo. Krvav je. Ustaje, vadi pištolj i vraća se unutra. Repetira i puca po prisutnima. Nailazi obezbeđenje. Puca i na njih. Oni uzvra-ćaju. Ima ranjenih. Izlazi u trenutku kad se začuje policijska sirena. Puca i na njih. Oni gase sirenu i beže. On prebacuje ra-njenu ženku preko ramena, pali kockar-nicu, pali džip i pali u noć.

Rat? Anarhija? Snimanje *Terminatora 4*?

Ne. Jedan sasvim običan radni dan u životu **Domaćeg Kriminalca**, vrste koja je strah i trepet u Nacionalnom parku SRBIJA.

DOMAĆI KRIMINALAC
(Crimos domesticus)

V rsta koja je napravila **BUM!** u Nacionalnom parku SRBIJA to-kom poslednjih desetak godina. Postoje dva osnovna tipa Domaćeg Kriminalca: **Teški Mafijaš** (*Crimos mafi-osus*) i **Ćelavac Obični** (*Glavus obrianus*).

Teški Mafijaš sjajno živi, ali mračno umire. Za to je kriva biljka **Sačekuša**

(Ra-ta-ta-tatum), koja raste u žbunju, mračnim ulazima ili tik uz njegov parkirani automobil. Osim nje, Teški Mafijaš nema prirodnih neprijatelja i ne plaši se ničega i nikoga.

Ćelavac Obični je druga priča. Sitniji je, nije tolika zverka kao Teški Mafijaš, pa mora više da se kiti i kočoperi. Zato njemu oko vrata izrasta **Kajla** *(Debello zuto)* →, u početku jedna, a kasnije, kad se razmnoži, i više njih. Svojom težinom mu povija gornji deo tela, čineći da izgleda još strašnije i još ćelavije.

Karakteristični znaci za raspoznavanje: **Džip** *(Paierus)*, **Pištolj** *(Utocaria),* **Veliki Krst na Retrovizoru** *(Magnum crucifix retrovizorum)* i, naravno, **Lutkasta Sponzoruša** *(Barbicaria lovans)* →.

Domaći Kriminalci se pozdravljaju tako što, dok se rukuju, jedan drugog slobodnom rukom ritualno hvataju za potiljak i brzo izmenjuju tri poljupca, uz nekoliko puta izgovoreno „brate". To „brate" je i inače najčešći oblik obraćanja među primercima Domaćeg Kriminalca i nema nikakve veze sa krvnim srodstvom. Kada se sretnu dva primerka Domaćeg Kriminalca, to otprilike izgleda ovako:

ZA ONE KOJI ŽELE DA ZNAJU ŠTA JE...

→Kajla *(Debello zuto)*

Parazitski organizam (parazitski – posledica velike količine para), koji napada **Domaćeg Kriminalca** i to tako što mu sve gušće raste oko vrata.

Kajla ne samo što nije izlečiva, nego se stalno razmnožava, a svaka nova je sve deblja i sve teža. Samo zahvaljujući tome što Domaći Kriminalac ne živi dugo, ona ne stigne da ga potpuno usmrti svojom količinom, težinom i skupoćom.

Zna se da postoje primerci Kajle dugi više od metar i teški preko pet kilograma, a takvi primerci su pravi „kapitalci" među kajlama ili **Kajlapitalci**.

ZA ONE KOJI ŽELE DA ZNAJU ŠTA JE...

→Lutkasta Sponzoruša *(Barbicaria lovans)*

Jednostavan organizam. Pripada **grabljivicama**. Ako već ne živi sa **Domaćim Kriminalcem**, onda živi za onaj trenutak kada će se upoznati s njim i potom ga **ugrabiti** da bi živela parazitski (s velikom količinom para).

Građom tela lako privlači pažnju kako Domaćeg Kriminalca, tako i drugih žitelja Parka. Građom mozga teško da bilo koga može da privuče.

Deli se na dve grupe:

plavuše

namiguše (one koje nisu plavuše, pa moraju da budu aktivnije).

Plavuše se dele na:

prave (ili donje) plavuše

lažne (ili gornje) plavuše.

adni dan u Nacionalnom parku SRBIJA. Dugačak red pripadnika raznih vrsta stoji pokorno, mirno, kao na pojilu ispred providne prepreke na kojoj je mala, sasvim mala rupa. S druge strane te rupe živi jedno od najagresivnijih sedećih bića, biće koje drugi stanovnici Nacionalnog parka SRBIJA izbegavaju kad god mogu. To je...

DIVLJI ŠALTERSKI SLUŽBENIK
(Nervozus shicanorum pauza)

Svaki stanovnik Nacionalnog parka SRBIJA se bar jednom u životu susreo s **Divljim Šalterskim Službenikom**.

Nimalo prijatno iskustvo.

To je veoma agresivna vrsta, karakteristična pre svega po onome šta jede. Naime, **Divlji Šalterski Službenik** obožava da jede džigerice i živce svih koje ulovi s one strane male rupe. Vrlo rado se hrani i njihovom bespomoćnošću. Međutim, ništa od toga ne može ni da proguta, ni da svari bez velike količine raznoraznih hartijastih biljaka iz porodice **Formulari** (*Papyrologia*) →, posebno ako su neuredno popunjene, nepotpisane i nepečatirane.

Postoji i **Pitomi Šalterski Službenik**, ali ga ima u neuporedivo manjem broju od Divljeg i njegova je sušta suprotnost – ljubazan je, predusretljiv, sa osmehom, hoće da pomogne čak i **Zapostavljenom Građaninu**, izgubljenom među Formularima. Međutim, postoje dani u mesecu kada i najpitomiji Pitomi Šalterski Službenik može postati Divlji Šalterski

Službenik (obrnut proces nije zabeležen). To su oni retki dani kada plod donosi biljka **Penzijica** (*Myzeria*), pa se Goluždravi Penzioneri okupljaju u enormnom broju pred šalterom, zbog čega se stvara mnogo nervoze (*nervozus*) s one strane male rupe.

Ovde treba napomenuti da Divlji Šalterski Službenik razlikuje dve vrste radnog vremena. Jedno se zove **Pauza** →, a drugo – **Rad Sa Strankama** →. Oba su bitna jer utiču na **koeficijent divljine** → Divljeg Šalterskog Službenika.

Ponekad **Divlji Šalterski Službenik lovi tako što imitira osobine Pitomog Šalterskog Službenika** samo da bi namamio žrtvu da se opusti, da olako pomisli da ima svu potrebnu dokumentaciju, te da će sve zbog čega je došla pred šalter brzo i uspešno završiti. I onda, taman kada žrtva pomisli da opasnosti više nema – **hop**! Ulovljena je. Uostalom, evo kako izgleda kada Divlji Šalterski Službenik lovi **Zapostavljenog Građanina** (*Trinaestus prasus*), čija mu je bespomoćnost omiljena hrana.

Obratite pažnju, ovo je zabeleženo normalnom brzinom:

Munjevito, zar ne? Ali, ako želimo da pogledamo detalje, moramo sve usporiti 10 puta, do birokratske brzine. To onda izgleda ovako:

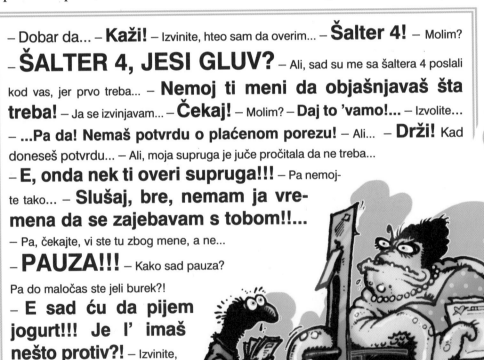

– Dobar da... – **Kaži!** – Izvinite, hteo sam da overim... – **Šalter 4!** – Molim?
– **ŠALTER 4, JESI GLUV?** – Ali, sad su me sa šaltera 4 poslali kod vas, jer prvo treba... – **Nemoj ti meni da objašnjavaš šta treba!** – Ja se izvinjavam... – **Čekaj!** – Molim? – **Daj to 'vamo!...** – Izvolite...
– **...Pa da! Nemaš potvrdu o plaćenom porezu!** – Ali... – **Drži!** Kad doneseš potvrdu... – Ali, moja supruga je juče pročitala da ne treba...
– **E, onda nek ti overi supruga!!!** – Pa nemoj- te tako... – **Slušaj, bre, nemam ja vre- mena da se zajebavam s tobom!!...**
– Pa, čekajte, vi ste tu zbog mene, a ne...
– **PAUZA!!!** – Kako sad pauza?
Pa do maločas ste jeli burek?!
– **E sad ću da pijem jogurt!!! Je l' imaš nešto protiv?!** – Izvinite, sačekaću...

ZA ONE KOJI ŽELE DA ZNAJU ŠTA JE...

→Formulari *(Papyrologia)*

Puno ime ove porodice hartijastih biljaka je **Formulari sa Potrebnom Dokumentacijom**. To su biljke koje imaju važnu ulogu u procesu varenja **Divljeg Šalterskog Službenika**, jer pomažu da se žrtva, kojoj su već pojedene džigerice i načeti živci, još više natopi gnevom, da joj krv proključa i da se, samim tim, učini sočnijom i laganijom za varenje.

Formulara sa Potrebnom Dokumentacijom nema malo, jer se stalno i brzo umnožavaju. Po najjednostavnijoj mogućoj klasifikaciji dele se na **lične dokumente, uverenja, rešenja, zahteve, potvrde, izvode, podneske, uplatnice, molbe i žalbe**. Ali to nije kraj. S hartijastim biljkama nikad se ne zna – taman kada žrtva pomisli da je na šalter stigla sa svim gorenabrojanim – Divljem Šalterskom Službeniku je potrebno još nešto, po pravilu ono što žrtva nema.

Evo sada primera za to šta će od Formulara sa Potrebnom Dokumentacijom Divlji Šalterski Službenik tražiti **Zapostavljenom Građaninu** za, recimo, **registraciju vozila**:

- Original ugovora o kupoprodaji vozila
- Overenu fotokopiju ugovora
- Overen dokaz o overavanju fotokopije
- Dokaz o uplati doprinosa
- Dokaz o plaćenom porezu
- Overen dokaz o očevom plaćenom porezu, za one rođene pre 1965
- Dokaz o utvrđivanju očinstva (očeva obaveza, ako je živ, a ako nije – original izvoda iz matične knjige umrlih, za očeve umrle posle 1997)
- Posebnu taksu na promet usluga
- Poseban savezni porez na promet usluga u paušalnom iznosu
- Dokaz o prebivalištu
- Uverenje o državljanstvu, ne starije od šest meseci
- Izvod iz matične knjige rođenih, ne mlađi od dve godine
- Uverenje o neosuđivanosti (a ako je lice osuđivano, Pravosnažnu presudu i Overenu pravosnažnu fotokopiju presude, kao i Potvrdu da se protiv podnosioca ne vodi krivični postupak)
- Taksu za isticanje firme
- Ako neko slučajno nema firmu, onda Overenu potvrdu o nemanju firme.

Da bi spreman dočekao bar prvi napad Divljeg Šalterskog Službenika, Zapostavljeni Građanin mora uz sebe da ima makar jednu **Overenu potvrdu o dokazu uplate takse na original fotokopije rešenja o zahtevu**. U suprotnom – biće ekspresno ulovljen, progutan, svaren i ispljunut (a možda i nešto gore od toga) istog trenutka kad se nađe pred malom šalterskom rupom, jazbinom Divljeg Šalterskog Službenika.

ZA ONE KOJI ŽELE DA ZNAJU ŠTA JE...

→Pauza (Pauza)

Vrhunac šalterskog zadovoljstva koji svaki Divlji Šalterski Službenik pokušava da produži što je više moguće. Ima raznih tehnika kojima se Pauza produžava: **Tehnika produženog doručka, Tehnika blokiranog terminala, Tehnika podnevne smene, Tehnika rada samo jednog šaltera** i **Tehnika najobičnijeg bezobrazluka**, koja se najčešće kombinuje s nekom od prethodnih.

ZA ONE KOJI ŽELE DA ZNAJU ŠTA JE...

→Rad Sa Strankama (Antipauza)

Treptaj između dve **Pauze**.

ZA ONE KOJI ŽELE DA ZNAJU ŠTA JE...

→Koeficijent divljine

Vrednost koja se izračunava tako što se podeli broj **Pauza** s brojem stranaka pred šalterom, pa rezultat pomnoži vremenskom udaljenošću od vikenda, državnog praznika, godišnjeg odmora ili primanja plate.

BIĆE IZ SIVE LAGUNE (Sivus economius creatura)

Nedovoljno proučeno **Biće** (ili Bića), koje živi (ili žive) u **Predelima Sive ekonomije** Nacionalnog parka SRBIJA **(Sivoj Laguni)**, takođe nedovoljno istraženim i proučenim. Priča se da, pored ovog Bića (ili ovih Bića), i predstavnici još nekih vrsta u Predelima Sive ekonomije vode paralelni život, i to pod nekim sasvim drugim zakonima, pa čak i u drugačijem uređenju: naime, ima indicija da tamo caruje izvesni **Šverc**, o kome se malo govori, ali se zato mnogo ćuti. Koje sve vrste vode takav paralelni život i da li tu spada i Biće (ili Bića) iz Sive ekonomije – teško je reći. Od ostalih vrsta, jedino se za **Markantnog Uličnog Dilera** zna da ima prebivalište u Predelima Sive ekonomije (Sivoj Laguni), ali da često zalazi i u druge delove Parka da bi lovio. Neki drugi pak, takođe zbog lova u mutnom (sivom), a da bi preživeli, iz drugih delova Parka odlaze povremeno u Predele Sive ekonomije.

Primetio je podignutu ruku i zamućen pogled za najbučnijim stolom, onim u nikad dovoljno odvojenom delu kafane. Osam **Srpskih Biznismena** (*Camionus avionus*) na poslovnom ručku. Odisalo je ćirilicom...

– **Дете!... 'Оће л' тај рачун да дође?...**

Znao je napamet: 8 telećih čorbi, 8 predjela (kajmak, sir, pršuta, jaja) – na dva ovala, 8 „srpskih sa sirom" – na dva ovala, 8 porcija mešanog mesa – na dva ovala, 12 pogača. Za piće – šest „viljemovki" i dve „domaće", plus – 9 puta po kilo stonog belog i dva puta toliko sifona. Još jednom je osmehom potvrdio da je video podignutu ruku i hitrim korakom se uputio prema njima, uzevši usput olovku i izgužvani papir sa nerazumljivim slovima i nečitkim brojevima – njihov račun, napisan njegovom rukom. *Usvirali su se kô majke, abartovaću im račun bar trista nasto*, odlučio je usput. Bio je to tipičan...

OBOGAĆENI UGOSTITELJ
(Drpus ohoho)

Obogaćeni Ugostitelj je vrsta koja se na prvi pogled gotovo i ne razlikuje od **Klasičnog Ugostitelja** (*Drpus picollo*). I jedan i drugi su spolja i unutra crno-beli, nose prave leptir-mašne i lažne osmehe. Naravno, ni Obogaćeni Ugostitelj (kao ni Klasični Ugostitelj) ne bi pripadao rodu **Ugostitelja** *(Drpus)* da nema neke **tipične karakteristike vrste**:

– *nema ga kad vam je najpotrebniji, a i kad je tu, nikako da pogleda ka vašem stolu*

– *uživa da vam uvali kuvano jelo koje je ostalo od juče (nikad ga ne pitati šta bi preporučio)*

– *odličan je lovac.*

Svaki, pa i Obogaćeni Ugostitelj, **mora da lovi da bi održao vrstu**. Najčešće lovi tako što udari žrtvu po ušima ili je ošajdari po džepu. Da bi opravdao ime (Obogaćeni), on svakog dana mora da ulovi nekog od predstavnika ostalih vrsta iz Nacionalnog parka SRBIJA. Najviše voli da lovi one malo deblje u predelu novčanika: **Srpskog Biznismena** *(Camionus avionus)*, **Pokvarenog Političara** *(Smradus bescrupulozus)* ili **Gologuzu Pevaljku** *(Vrisca dupetaria)*, ali nema ništa protiv ni ako mu naleti **Podmitljivi Lekar** *(Primarius mitus)*. Ni najmanje mu pak nisu zanimljive za ulov vrste sa mršavim primanjima: **Goluždravi Penzioner** *(Penzos vulgaris)*, **Prinudni (Ne)radnik** *(Arbaitus paradaiz)*, **Prosvetni Jadnik** *(Profus yadibedus)* i **Zapostavljeni Građanin** *(Trinaestus prasus)*, jer sa njima teško dolazi do **procesa oparenja** →, a samim tim i do oplodnje džepa Obogaćenog Ugostitelja putem **grupnog ovalnog seksa** →.

Ono što je veoma zanimljivo u ponašanju Obogaćenog Ugostitelja je ritual **Dugog Traženja Kusura**

(Millenium cusur). Tada, na samom kraju procesa oparenja, Obogaćeni Ugostitelj zavlači prvo jednu, pa drugu ruku u jedan, pa u drugi džep, uz glasno prateće zveckanje sitninom koju nikako da izvadi iz istog, pri tom **uporno simulirajući žarku želju da vrati razliku nastalu između onoga što mu je dato i iznosa koji je na računu**.

Koliko dugo taj ritual može da potraje možda najbolje govori slučaj jednog Obogaćenog Ugostitelja koji je uporno pokušavao da se opari od grupe **Južnih Srpskih Biznismena** *(Camionus avionus pirotarium)*. Epilog – ni posle dvosatnog zveckanja obema rukama po svim mogućim džepovima nije došlo do oplodnje džepa Obogaćenog Ugostitelja i nesuđenim žrtvama je na kraju, teška srca, vraćen odgovarajući Kusur.

RITUAL DUGOG
TRAŽENJA
KUSURA

→Proces oparenja/grupni ovalni seks

Proces oparenja je kod Obogaćenog Ugostitelja izuzetno zanimljiv i moramo ga posmatrati kao deo procesa lova. Naime, Obogaćeni Ugostitelj može da se opari samo putem **grupnog ovalnog seksa**. I kod njega, kao i kod Markantnog Uličnog Dilera i još nekih vrsta, za oparenje nije potrebna ženka nego žrtva. Razlika je jedino u tome što Obogaćenom Ugostitelju, da bi se dobro opario, **nije dovoljna jedna žrtva**, već više njih odjednom. Kada nanjuši žrtve u dovoljnom broju i raspoloženju, on otpočinje zamršeni ritual grupnog naručivanja i odloženog donošenja, zavodeći žrtve ne samo dodatnim „pogrešno" shvaćenim narudžbama, već i brojem porcija **u ovalu**, kao i brojem samih ovala, pa na kraju više niko nema tačnu predstavu o tome šta je naručio, šta je dobio, a ko, šta i koliko plaća. Ovo poslednje saznaju tek kada posle višečasovnog obroka dobiju **Obogaćeni račun** (*Saldo ohoho*). Sve se, naravno, ritualno završava **Dugim Traženjem Kusura**.

ogledala se u ogledalu po-
slednji put pred izlazak na
binu: natapirana izblajha-
na kosa sa ljubičastim pramenо-
vima, pariskoplava senka na
očima, braon krejonom izvučena
linija gornjih kapaka, narandža-
sto napuderisani obrazi, plame-
nocrveni ruž... Odmakla se i za-
dovoljno odmerila tesnu mini
haljinu sa plastičnim rajsferšlu-
som sa strane, koja se naizme-
nično presijavala šerpaplavim i
zelenkastim sjajem. *Pa što i da mi
se ne presijava za dve 'iljade mara-
ka?!*, pomislila je, prevlačeći prs-
tima sa crno nalakiranim nokti-
ma po polugolim grudima, ki-
pućem stomaku i kukovima. Za-
tegla je još jednom limunžute
likra čarape i sagla se da obriše
prašinu sa bleštavo belih cipela.
*'De baš večeras da zaboravim
dijademu?... Osećam se kô gola bez
nje!*, rekla je svom odrazu u
ogledalu, cokćući kako bi sklo-
nila zaostalo parče semenke
između gornje trojke i četvorke.
A tamo, u pregrejanoj hali, pu-
blika je već počela da skandira
njeno ime. Vreme je da izađe...

Ne, nije u pitanju cirkus, ve-
čeras u vašem gradu nastupa...

GOLOGUZA PEVALIKA
(Vrisca dupetaria)

OBUCITE GOLOGUZU PEVALJKU!

TABLETE ZA SPAVANJE,
ZA DIZANJE, ZA SMIRENJE...

INJEKCIJE HORMONA
I INJEKCIJE PROTIV HORMONA

PERIKA, PRODUŽECI I UMECI

LAŽNE TREPAVICE I SOČIVA

OPREMA ZA
POZAJMLJIVANJE GLASA

LAŽNI ZUBI

SILIKON ZA
SENZUALNE USNE

SILIKON ZA GRUDI

SILIKON ZA ZADNJICU

VOSAK ZA FINO
DOTERIVANJE

PRIBOR ZA KOŠENJE MALJA
SA BRADE, BRKOVA, NOGU,
RUKU, RAMENA...

Gologuza Pevaljka je relativno mlada vrsta u Nacionalnom parku SRBIJA. Nastala je ukrštanjem **Nabeđenog Umetnika** (*Mrsus mudus*) i **Baba-Sere** (*Bacacaca*). Od Nabeđenog Umetnika Gologuza Pevaljka je nasledila afinitet prema Umetnosti i afinitet prema Nabeđenosti **(projekat/materijal)** →, a od Baba-Sere – afinitet prema najgorim sranjima.

Gologuza Pevaljka veoma podseća na pticu i to ne na jednu, nego na više njih: oblači se kao papagaj, šepuri se kao paun, ima nokte kao orao i poseduje pileći mozak. Ipak, od svih njih (kao i od većine ostalih vrsta u Nacionalnom parku SRBIJA) ima skuplje perje.

Jedna od dve najvažnije sličnosti s pticom je u tome što povremeno **pušta od sebe glas koji podseća na pevanje**, po kojem je, ironijom sudbine, i dobila ime. Kažemo – podseća na pevanje, jer je to u stvari **pištanje u potrazi za hranom** →. Kao što ima raznih vrsta pištanja, tako ima i raznih (pod)vrsta Gologuzih Pevaljki. Evo dve osnovne:

Lažni Narodnjak
 (*Pseudomelos turbofolcus*)
Lažni Zabavnjak
 (*Pseudopopus technodensus*).

Gologuza Pevaljka često putuje zbog tezgi, pa spada u **tezgarice**. Dobar je letač, mada leti isključivo vikendom i to u inostranstvo. To čini jer je izuzetno alava na pare i guta ih u ogromnim količinama.

Kako u Nacionalnom parku SRBIJA nema dovoljno para za sve alave

ZA ONE KOJI ŽELE DA ZNAJU ŠTA JE...

→Pištanje u potrazi za hranom

Cela filozofija života Gologuze Pevaljke sastoji se u tome da svojim grlom **namerno** i **kontrolisano** proizvodi zvuke zbog kojih će je neko redovno kljukati parama. Kada jedna Gologuza Pevaljka pronađe tu čarobnu zvučnu formulu, više nikada ne ostaje gladna u Nacionalnom parku SRBIJA.

Razlikujemo: **dranje, zapomaganje, arlaukanje, kreštanje** i **gilikanje**. U svetu Gologuzih Pevaljki sve se to naziva *pevanjem*.

Ideal za svaku Gologuzu Pevaljku jeste da proizvede sve te zvuke odjednom i to svaki put, u čemu mnoge i uspevaju. Ne zna se baš uvek kada tačno prestaje dranje a počinje zapomaganje, ili kada gilikanje prelazi u kreštanje, pa u arlaukanje, ali u tome i jeste čar **gologuzog pevanja**.

Gologuze Pevaljke koje su se tu na-množile, one su prinuđene da lete u inostranstvo, gde ih tamošnji brojni ljubitelji Gologuzih Pevaljki prosto kljukaju parama. Otud je u Nacionalnom parku SRBIJA tokom vikenda neprirodno tiho, jer tada u njemu nema ni jedne jedine Gologuze Pevaljke iole sposobne da od sebe pusti glas.

Gologuza Pevaljka je vrsta koja nema mužjaka (pojam **Gologuzi Pevač** pre označava imovinsko stanje nego posebnu vrstu), pa je zato prinuđena da se opari sama, što ona i čini, bez kompleksa.

Gologuza Pevaljka nema mnogo neprijatelja. Istina, ne vole je one pevaljke koje ne pripadaju istoj vrsti, što će reći – one koje stvarno pevaju, a ne hvataju na „gologuzost" (gologuzost – otkrivanje golog dupeta i sisa, i vrtenje istima do iznemoglosti ili do uganuća). Tu je još i **Zapostavljeni Građanin** (*Trinaestus prasus*), koji ne podnosi Gologuzu Pevaljku, ali je i on njoj potpuno nezanimljiv.

Ipak, **najveći neprijatelj Gologuze Pevaljke je – druga Gologuza Pevaljka**. Najčešće se njihovi sukobi završavaju međusobnim pljuvanjem, mada ima i situacija u kojima jedna drugoj skaču za oči i podmeću noge. No, to ih uopšte ne sprečava da vikendom zajedno, u istom JAT-u, odlete u bogatije krajeve.

ZA ONE KOJI ŽELE DA ZNAJU ŠTA JE...

→Projekat/materijal

Zbog potrebe da pridoda dublje značenje onome što radi [*nabeđenost* koju je nasledila od **Nabeđenog Umetnika** (*Mrsus mudus*)], **Gologuza Pevaljka** lako poseže za teškim rečima. Otuda: *novi projekat, kvalitetan materijal, timski rad, moja publika, moje cenjene koleginice, humanitarni koncert, uvek rado dolazim u vaš grad/selo/kafanu/emisiju, hvala, od srca, sve vas puno, puno volim* itd.

Najčešće korišćeni pojmovi su, ipak, **projekat** i **materijal**. Gologuza Pevaljka ne propušta da pomene svoj novi *projekat* za koji je dugo i pažljivo sakupljala *materijal*. Veoma vodi računa o tome da, ako je u prethodnoj rečenici pomenula *materijal*, u sledećoj bude bar jedan *projekat*. Ne beži ni od cele fraze *materijal za novi projekat*, a ako proceni da ni to nije dovoljno, pomenuće i *materijalni projekat* ili *projekat novog materijala*.

GRADSKI SELJAK
(Prostacus urbanus)

Narandžastom ladom karavan skoro da je ušao u ulaz solitera. Pre nego što je ugasio motor, desetak puta ga je isturirao kako bi ujutru lakše upalio. Otvorio je vrata i izašao u prljavoj majici bez rukava i bos. Zatim je obuo papuče i proizveo karakterističan krkljavi zvuk, posle kojeg je ispljunuo nešto zeleno na trotoar, tik ispred komšijske dece koja su se tu igrala. Ugledavši „to" na trotoaru, deca su se vrišteći razbežala. Nasmejao se, prdnuo, a zatim otvorio gepek i jednom rukom izvadio kantu s gorivom, a drugom živo, vezano prase. Prase se skičeći pobunilo, pokušavši da se oslobodi, ali bez uspeha. Temeljno je zaključao kola i jedva se provukao pored njih da bi ušao u ulaz. U liftu je prase toliko skičalo i otimalo se da je oborilo kantu iz koje se prolilo malo benzina. Iskobeljao se iz lifta na devetom spratu, psujući prasetu celu moravsku lozu, sve do jorkširskih rođaka. Zastavši ispred stana iz kojeg je dopirala neverovatno glasna (i neverovatno turska) narodna muzika, izuo je papuče i ostavio ih na gomilu izuvene obuće koja je tu stajala. Nogom je otvorio već odškrinuta vrata i ulazeći gotovo pao, saplevši se na kokoške koje su zobale mrve u predsoblju. Vikanje i psovanje pomešalo se sa skičanjem i kokodakanjem. Sad je već i najgluvlji komšija saznao da je kući stigao...

RUČAK

DORUČAK

Gradski Seljak je neobična vrsta. Važno je reći da on nije nastao mešanjem **Zapostavljenog Građanina** (*Trinaestus prasus*) i **Seoskog Seljaka** (*Humus oratorium*) →, već da je u pitanju sasvim treća vrsta, koja urbani život nasilno kombinuje sa seoskim ponašanjem. Kao posledica nasilnog spajanja dve nespojive sredine, rodilo se i kontroverzno ime vrste – **Gradski Seljak**. Jedino što Gradski Seljak ima zajedničko sa Zapostavljenim Građaninom je – stanište, odnosno **zgradište sa staništima**, na kojima se oni bore za životni prostor. Gradski Seljak je, međutim, žilavija vrsta i postoji opasnost da potpuno istisne Zapostavljenog Građanina.

Gradski Seljak je prost organizam. Zato živi u **prostim čoporima**. Obično su to prosti mužjak i prosta ženka sa čoporom prostih mladunaca, ali je moguće da na jednom mestu bude i više prostih parova sa prostim mladuncima i prostim pobočnim rođacima (i njihovim prostim mladuncima, p. kumovima, p. prijateljima, p. komšijama i p. poznanicima). Prosti čopor je Gradskom Seljaku neophodan da bi, bez obzira na život u gradu, održao tzv. **autentični seoski šmek** →.

Gradski Seljak je **neverovatno inventivan kad je reč o prostom življenju**. Evo sada prilike da se kroz **igru pitalica** upoznamo sa onim što Gradskog Seljaka čini doajenom prostote u Nacionalnom parku SRBIJA:

1) **Šta je to: smrdi, a leti?**
– *Kesa sa đubretom, koju Gradski Seljak baca s 9. sprata na ulicu.*

2) **Šta je to: smrdi, a ide gore-dole?**
– *Đubre, koje Gradski Seljak sa 9. sprata ostavlja u liftu.*

3) **Šta je to: narandžasto, ušlo u ulaz solitera?**
– *„Idealno" parkirana lada Gradskog Seljaka.*

4) **Šta je to: zeleno, ima ga puno po liftu i hodniku?**
– *Pljuvačka Gradskog Seljaka.*

5) **Šta je to: visoko je, skiči, vrišti, kokodače?**
– *Živina koju Gradski Seljak gaji na 9. spratu.*

6) **Šta je to: visoko je, skiči, vrišti, arlauče?**
– *Preglasni turkoidni narodnjaci sa 9. sprata.*

7) **Šta je to: visoko je, skiči, vrišti, psuje?**
– *Porodica Gradskog Seljaka na okupu na 9. spratu.*

8) **Šta je to: dere se kad razgovara telefonom?**
– *Potpuno normalan Gradski Seljak.*

9) **Šta je to: lupa u svako doba dana i noći?**
– *Potpuno normalan Gradski Seljak.*

10) **Šta je to: kroz otvorena vrata usmrdelo ceo hodnik?**
– *Ručak Gradskog Seljaka.*

11) **Šta je to: može do praga, a ne može u kuću?**
– *Obuća Gradskog Seljaka i njegovih gostiju.*

→ **Seoski Seljak** (*Humus oratorium*)

Samim tim što živi na selu i bavi se obradom zemlje (*Humus orato-rium*), **Seoski Seljak** je onemogućen da radi većinu stvari koje radi Gradski Seljak (vidi **igru pitalica**). Međutim, i Seoskom Seljaku je ostavljeno nekoliko mogućnosti da opravda, pa i prevaziđe svoje ime. Izdvojićemo dve:

– *mogućnost iznošenja neograničene količine blata na traktorskim točkovima sa njive na autoput*

– *mogućnost prskanja voća i povrća pesticidima do iznemoglosti (i po trideset puta), samo zato što se time neće hraniti njegovi, već nečiji drugi mladunci (citat: 'To je za pijacu, a ne za jelo!').*

GOSPOĐA GRADSKA SELJANČURA

PROSTI MLADUNAC 1

GRADSKI SELJAK

PROSTI MLADUNAC 2

→**Autentični seoski šmek**

To je sve ono što je neophodno **Gradskom Seljaku** da bi zadržao što seoskiji osećaj u gradu: galama, žive životinje, slobodno shvatanje eksterijera (pljuvanje, mokrenje i obavljanje drugih radnji uz drvo, u haustoru, u liftu, u podrumu i uopšte van prostora predviđenog za tu namenu). S obzirom na to da **šmek** znači „miris", treba reći da je prisustvo raznih mirisa (drugima najčešće neprijatnih) Gradskom Seljaku od suštinske važnosti za normalan život i razvoj. Zato se **mladunci Gradskog Seljaka** od malih nogu uče kako da, jednog dana kad dovoljno odrastu, što spontanije i bez mnogo napora omoguće sebi i čitavom svom gradskom komšiluku uživanje u **autentičnom seoskom šmeku**.

POKVARENI POLITIČAR
(Smradus bescrupulozus)

Čim je helikopter dodirnuo zemlju, pomoćnik se okrenuo i počeo da ga budi: „Gos'n šefe, stigli smo!" Šef se trgao, sanjivo pogledao oko sebe, pa kroz prozor, zevnuo, protegao se, a zatim se uspravio i popravio kravatu. „Je l' ovde beše požar il' poplava?", upitao je pomoćnika. „Zemljotres, gos'n šefe. Poplavu smo obišli pre podne." Tačno, zemljotres... Setio se da je sinoć u aktentašnu, pored fascikle sa govorom na kojoj je pisalo *za poplave*, ubacio i onu *za zemljotrese*. „Slabiji ili jači?", upita, a pomoćnik se primače i gotovo šapnu: „Jači. 7 Rihtera, 9 Merkalija..." Sad se i on malo primakao, zaglađujući kosu rukom. „Mnogo žrtava, a?", pitao je. „Kol'ko god 'oćete...", uzvratio je pomoćnik. „E, onda ostajemo najmanje pola sata!", reče odlučno, vadeći iz džepa crni flor i kačeći ga na rever sakoa. „Jesi organizovô slikanje sa povređenima?" „Jesam. Prvo u bolnici, sa seljakom kome je štala pala na glavu, a onda u štali domaćina koji je glava u selu." „A taj je ... naš?", upitao je oprezno. „Svim srcem." „Šta je s televizijom?" „Tu je. Slikaće dok obilazimo mesto nesreće i, naravno, ceo govor." Klimnuo je, ustao i krenuo prema vratima. Onda je zastao. „Još nešto. Nađi mi neko uplakano siroče da ga nosim u naručju dok me slikaju na ruševinama... Al' nemoj neko debelo, kô ono prošli put, neću da se iskilavim."

Sredina u kojoj prebiva **Pokvareni Političar** učinila ga je sposobnim ne samo da menja boju, kao kameleon, već i oblik, a po potrebi i agregatno stanje: **pretvara se da je čvrst, u suštini je ljigav, a kad zagusti, ume i da ispari**. Sledi, dakle, **podela prema agregatnom stanju**:

Čvrsti
Pokvareni Političar
(može biti **Diktator**
i **Derator**)

Ljigavi
Pokvareni
Političar
(može biti
Sluzav i **Balav**)

Gasoviti
Pokvareni
Političar
(može biti
Providan
i **Prividan**)

Legenda kaže da negde u Nacionalnom parku SRBIJA postoji i jedan primerak **Neiskvarenog Političara** (*Smradus scrupulozus*), ali je zanimljivo da ga niko dosad nije video, pa se nameće zaključak da je verovatno i taj poslednji primerak (politički) umro.

Ceo svoj (politički) život Pokvareni Političar provede na **Vlasti** (*Privilegius*) i oko nje. To je **višegodišnja biljka izuzetno slatkog ploda**, za koju važi pravilo: što je viša i šira – to je veći asortiman krupnijih i slađih plodova.

Pokvareni Političar voli da se popne na Vlast i da bude na njoj, ali ne voli da ga s nje skidaju. Za njega Vlast predstavlja **Drvo života**.

Dok je na Vlasti, Pokvareni Političar pažljivo bira i ubira sve najslađe plodove koje može da dohvati, halapljivo ih konzumirajući sam ili u krugu porodice. Za to vreme, sve one preko čijih leđa se popeo tu gde jeste gleda s visine, bacajući im, tu i tamo, poneki ogrizak. Zbog tih osobina je i dobio takav šarlatinski naziv – *Smradus bescrupulozus* →.

Kada je Pokvareni Političar na Vlasti koja je **izuzetno visoka i široka** (a ume da bude neverovatno ogromna), tada je veliki deo Nacionalnog parka SRBIJA u njenoj senci i malo šta uspeva. Najviše trpe ionako slabe i neotporne vrste, kao što su: **Zapostavljeni Građanin** – gladan **Ustavnih prava i sloboda** (*Civilizatium minimum*), kojih u senci Vlasti nema ni od korova – i **Goluždravi Penzioner** – čija se ishrana svodi na **Penzijicu** (*Myzeria*), a koja zakržljava u senci Vlasti Pokvarenog Političara.

Za proces penjanja Pokvarenog Političara na Vlast važna je i mirišljava biljka **Demagogija** (*Uvlacus populis*) →, jedina koja dobro uspeva u podnožju svake Vlasti.

LJUBAV

VLAST
(PRIVILEGIUS)

MYZERIA

ZA ONE KOJI ŽELE DA ZNAJU ŠTA JE...

→Poreklo imena *Smradus bescrupulozus*

Postoji teorija o tome da prvi deo imena, **smradus**, dolazi od potrebe Pokvarenog Političara da se popne na Vlast i da odande ne siđe **sve dok se ne usmrdi**.

Međutim, ništa manje ubedljivi nisu ni oni koji tvrde da **smradus** dolazi od njegovog „smrdljivog" odnosa prema onima preko čijih leđa se popeo na Vlast, a kojima baca samo ogriske njenih slatkih plodova.

Treća teorija kaže da ova druga osobina (smrdljivi odnos) ne može biti zaslužna za prvi, već isključivo za drugi deo njegovog šarlatinskog imena – **bescrupulozus**, objašnjavajući to ukupnim odnosom Pokvarenog Političara prema svemu i svima oko sebe dok je na Vlasti.

Svaka od tih tzv. *Smrdljivih teorija* sadrži u sebi deo istine. O tome će još biti govora pred sam kraj knjige, kod **SMRADOVA** – kao posebne kategorije.

ZA ONE KOJI ŽELE DA ZNAJU ŠTA JE...

→Demagogija *(Uvlacus populis)*

Teško da Pokvareni Političar uopšte i može da se popne na vlast bez **Demagogije**. Ona je neka vrsta *halucinogene, mirišljave puzavice* koja obavija Vlast od korena do samog vrha. Pokvareni Političar koristi Demagogiju u procesu penjanja na Vlast, ali i da bi se na njoj održao.

Dobro veče, poštovani gledaoci. Evo nas ponovo u emisiji „Veče s prorokom". Gošća u studiju je gospođa Vidovita Dara... Dobro veče... Dobro veče, dušo, dobro veče. *Ona će odgovarati na pitanja koja ćete joj vi direktno postavljati ako okrenete broj koji je ispisan na ekranu. Evo, javljaju mi da već imamo nekog na vezi... Izvolite, gospođa Daro.* Halo, tu sam, dušo, recite... **Htela sam da pitam da li veza u kojoj sam trenutno ima budućnost.** Ima, dušo. Vidi, ti si rođena da patiš i rođena si da budeš srećna, 'el me razumeš?... **Da?**... Ali nije to ništa straobalno. Imali ste jednu jaku krizu, 'el me čuješ?... **Da?**... Ali to će proći, jer sve mora proći, što kaže naš narod, 'el me razumeš?... **Da?**... Eto toliko za vezu, šta te još interesuje?... **Zdravlje**... Znala sam! Zdravlje ... uglavnom dobro, dušo, čuvajte se saobraćaja ... 'el me čujete?... **Da?**... Imate jedan ožiljak na telu ... i jedan udarac po glavi, jeste tu?... **Da?**... Jeste blizu ekrana?... **Molim?**... Kažem, jeste blizu ekrana?... **Da?**... Ajde, dušo, nemoj da vas mrzi, pipajte ekran levom rukom... **Samo malo**... Je l' pipate, dušo? Nemamo ceo dan, drugi čekaju... **Evo, pipam**... Pipajte, pipajte celom rukom ... tako ... nemo' da dišete sad ... tako ... sad opet dišite... Dobro, tako sam i mislila... Sve je u redu sa zdravljem. Samo malo više tečnosti da uzimate. I kretanje. Samo kretanje! Evo, dođite do mojega kabineta peške... Eto, dušo, jeste zadovoljni?... **Jesam, samo**... Prijatno! Je l' imamo još nekog?... **Halo?**... Izvol'te, dušo, recite... **Zovem u vezi sa bračnom situacijom**... Znam, dušo, sve znam,

VIDOVITA PROROČICA
(Nostradama profiteria)

i nije ti lako, odma' da ti kažem...Vi ste dva suprotna sveta... Ti si sever, dušo, on je jug, 'el me razumeš?... **Da?**... I u zadnje dve godine unazad, došlo je do jedne, da kažemo, situacije ... 'el tako, dušo?... **Pa, jeste**... Sigurno da jeste, srce... Da ti kažem, dušo, ti si poštena žena, ali si naivna kao čovek i ljudi te zloupotrebljavaju, jer ti im sve veruješ, 'el me razumeš?... **Da, da!**... E, to je ta crna magija i to ćemo da skinemo, samo treba da dođeš u mom kabinetu, lično, u četiri oka mogu neke stvari da ti kažem, samo pre toga da se javiš mom sekretaru da ti zakaže, je l' u redu?... **U redu, hvala**... Idemo dalje, 'alo... **I ja bih htela da pitam u vezi sa zdravljem**... Sve je dobro, male tegobe sa zatvorom, ali to će da „otčepi", što kaže naš narod... **A ostali u kući?**... Deca su dobro, muž vam je zdrav kô dren... **Ali muž mi je umro!**... Pa znam, dušo, sačekajte da završim: muž vam je zdrav kô dren **bio**, dok nije umro...

Fosilni ostaci naivnih žrtava govore o tome da se moderne Vidovite Proročice u Nacionalnom parku SRBIJA pojavljuju negde krajem **Anteozoika**, znači pre skoro deset godina. One su, inače, veoma rasprostranjene, ali ih je uvek najviše **u predelima sa lošom ekonomskom klimom i neizvesnom budućnošću**.

Vidovita Proročica živi (i lovi) u simbiozi sa **Hipnovizijom** (*Ecranela hipnotica*) →.

Pored toga, Vidovita Proročica voli da lovi i na starinski način – **tako što gleda u pasulj ili u plećku**. Ali ona nije jedina vrsta koja to voli da radi. I **Goluždravi Penzioner** bi rado gledao u pasulj (doduše, sa drugačijim porivima), samo kad bi bio malo jeftiniji. O plećki da i ne govorimo.

Osim u pasulj i plećku, Vidovita Proročica uspešno gleda i u **šolju**, kao i u **karte**.

Mužjak Vidovite Proročice zove se **Vidoviti Prorok** (*Nostradamus profiterius*). Mnogo je ređi od

PROROK (MUŽJAK)

PROROK (ŽENKA)

ženke, a ponekad iz nepoznatih razloga teži da se pretvori u ženku. Ta pojava naziva se **Kleopatrizam**. U Nacionalnom parku SRBIJA postoje i **Magovi** →. Ovde ih pominjemo jer i oni, kao i Vidovita Proročica, najčešće love uz pomoć **Hipnovizije**.

ZA ONE KOJI ŽELE DA ZNAJU ŠTA JE...

→Hipnovizija *(Ecranela hipnotica)*

Halucinogena, lepljiva biljka, rasprostranjena po čitavom Nacionalnom parku SRBIJA. Najradije se hrani mozgom žrtve, koji prethodno dugotrajno i temeljno ispira.

ZA ONE KOJI ŽELE DA ZNAJU ŠTA JE...

→Magovi *(Magus magicus)*

Magovi su bića koja se mogu videti samo na **Hipnoviziji** i to svake večeri oko 19.30. Oni koriste lepljivost Hipnovizije da bi ulovili sve one naivne žrtve kojima se za Hipnoviziju zalepe oči, uši i mozak, pa ne mogu da ih odlepe. Veliki su majstori da od **svega** naprave **ništa**, a da to predstave kao **nešto**; da govore **nešto**, što ne znači **ništa**, a da za to vreme pouzimaju **sve**; da obećaju **svašta**, podele bonove za **ponešto**, a posle i za bonove teško da može da se nađe **išta**.

I **nikom ništa**.

A za sve to, priznaćete, treba puno magije.

PODMITLJIVI LEKAR
(Primarius mitus)

„Pa šta ti misliš, da ja ovo radim za džabe? A?!", reče čovek u belom mantilu, sa stetoskopom oko vrata. „Ne, ne!... Samo sam mislio da će biti ... jeftinije...", odgovori skrušeno čovek u sivom kaputu, osećajući se zavijenim u crno. „Pa kakvi ste vi to ljudi, majku mu! Došô u državnu bolnicu, donô flašu Džonija, pa misli – zaslužio da bude operisan! Da ti pokažem ja nešto..." Ustao je i pošao prema plakaru u dnu ordinacije, a zatim ga otvorio tako da se videla unutrašnjost. „Gledaj! Ovo je sve viski koji mi donosite ti i tebi slični! Ima sigurno tri'es' flaša. Šta da radim ja s tim? Da otvorim fri-šop?! A?!", grmeo je, sve ljući i ljući. „Neću viski!!! 'Oću pare!!! Razumeš?! Keke!! Đenge!! Zelene, plave, u koverti, bez koverte, kakve god 'oćeš... Evo, dobro – primam čak i ove naše, usmrdele, da ti učinim. Ali samo krupne. One od dva'es' dinara su bakteriološki neispravne." Čovek u sivom bivao je sve manji i sve je više ličio na makovo zrno. „Jeftinije...", nastavio je onaj drugi, rugajući se. „Može jeftinije ... ali bez anestezije!..." Čovek u sivom je podigao pogled. „Ali ... kako? Da ostanem budan za vreme operacije?" Čovek u belom je seo i podigao noge na sto. „Budan, nego šta! Ma, nemoj... Ja da operišem – a ti da hrčeš. More, ne samo da ćeš da budeš budan, nego ima i da mi dodaješ instrumente!"

U Nacionalnom parku SRBIJA već dugo postoji vrsta **Lekar** (*Primarius*), koja je i dobila ime po tome što se *prima* na razne stvari. **Lekar** se pre svega *prima* na obolele predstavnike svih ostalih vrsta i liže im rane da bi što pre zacelile, u nedostatku lekova. Ali, *prima* se on i na druge stvari, pa je po tome i napravljena sledeća podela.

Lekar se, dakle, deli na tri pod-
vrste:
Neplaćeni (ili **Državni**) **Lekar**
  (*Primarius platus*) →
Plaćeni (ili **Privatni**) **Lekar**
  (*Primarius marcus*) →
Podmitljivi Lekar
  (*Primarius mitus*).

Ovde nas prevashodno interesuje
treća podvrsta – **Podmitljivi Lekar**,
jer ona na najzanimljiviji način
oslikava stanje vrste **Lekara**
u Nacionalnom parku SRBIJA.

Podmitljivi Lekar poseduje fanta-
stičnu prilagodljivost za opstanak
u Nacionalnom parku SRBIJA. On je
svaštojed. Kao i kod još nekih vrsta
(*Obogaćeni Ugostitelj, Divlji Šalterski
Službenik*), ne mora da izlazi iz jaz-
bine, već mu lovina sama dolazi. To
su uglavnom stari i bolesni primerci
drugih vrsta, dakle, oni koji se naj-
lakše love.

Osnovna razlika između Podmit-
ljivog Lekara i ostale dve podvrste je
to što se Podmitljivi Lekar prima na
Mito (Mitus) →.

Mito je biljka koja blagotvorno
deluje na aktivnost Podmitljivog
Lekara jer, kad god se Podmitljivi
Lekar primi na **Mito**, kod njega do-
lazi do pojačanog lučenja pljuvačke
i adrenalina, spontanog padanja
donje čeljusti i grča svih mišića. Od
tog trenutka on postaje hiperakti-
van i ultrazainteresovan, ali samo za
onoga od koga dobija **Mito**.

Iznenada, sve što je do tada bilo
nemoguće, postaje stvarno i mo-
guće. Oni primerci koji pak nema-
ju **Mito** za njega, uopšte mu nisu
interesantni i brzo ih se oslobađa,
dajući im bilo kakvu **Terapiju** →.

Zbog velikog broja plodova **Mita**
na koje se Podmitljivi Lekar *primi*
u kratkom periodu, njegova jaz-
bina podseća na magacin mešovite
robe. Ima tu raznih plodova, što
živih, a što u obliku mrtve prirode:
prasići, jagnjići, pilići; kartoni jaja,
kajmak, sir, slatko, med, gajbe
s voćem i povrćem; kartoni viskija,
flaše vina, piva i domaće rakije;
pakovanja kafe, boksovi i master
boksovi cigareta. Naravno, tu je
i oveća gomila koverata koji
nemaju marke spolja, ali imaju
marke unutra.

ZA ONE KOJI ŽELE DA ZNAJU ŠTA JE

→Terapija *(Terapia)*

Tretman u kojem **Podmitljivi**,
ali i svaki drugi **Lekar** svoju žrtvu
tera da **pije** ono što inače žrtva sa-
ma ni u snu ne bi popila.

ZA ONE KOJI ŽELE DA ZNAJU ŠTA JE...

→Neplaćeni (ili Državni) Lekar *(Primarius platus)*

Podvrsta **Neplaćeni Lekar** iz dana u dan ima sve manje pripadnika zbog fenomena sličnog *kašnjenju Penzijice* (**Penzijica** – *Myzeria* ← kržljava biljka zbog koje izumire **Goluždravi Penzioner**), koji se naziva *kašnjenje Platice* (**Platica** – *Smeyuria* – takođe izuzetno kržljava biljka, zbog čijeg kašnjenja, pored ove podvrste, izumiru još neke vrste u Nacionalnom parku SRBIJA, kao što su **Prosvetni Jadnik** i **Zaposta-vljeni Građanin**).

ZA ONE KOJI ŽELE DA ZNAJU ŠTA JE...

→Plaćeni (ili Privatni) Lekar *(Primarius marcus)*

Podvrsta **Privatni Lekar** je jednom davno postojala, pa onda nije postojala, pa sad opet postoji i dobro je (po)stojeća. Postoje dve ravnopravne teorije o poreklu prvog dela imena:

Privatni, **po jednima**, vodi poreklo od njegovog odnosa prema predstavnicima drugih vrsta, koje (za razliku od Podmitljivog Lekara) ume i hoće da **pri'vati** i da se na njih *primi* nezavisno od plodova Mita.

Po drugima, to ime duguje činjenici da je uvek **pri vati**, to jest da poseduje medicinski materijal, neophodan za svakodnevne intervencije (vata, gaza, rukavice, špricevi).

→Mito *(Mitus)*

Mito je biljka iz porodice **Korupcija** *(Coruptia)* koja cveta u svim delovima Nacionalnog parka SRBIJA, a čiji plodovi rastu i dozrevaju po torbama, gajbama, flašama, džepovima i kovertama žrtava koje dolaze u jazbinu Podmitljivog Lekara, a koje on vredno prikuplja i skladišti. To su, dakle, neobični i različiti plodovi. Razlikujemo ih prema formi u kojoj se pojavljuju, pa su tako najpopularnije dve forme: **Kovertirani Mito** *(Mitus covertus)* i **Flaširani Mito**, poznatiji kao **Mito Bekrijo** *(Mitus becrius)*.

Jedna je od retkih biljaka kojoj smeta sunčevo svetlo. Najbolje uspeva u senci, u zamračenim delovima Nacionalnog parka SRBIJA. Tek u poslednje vreme može se videti i na otvorenom, usred bela dana.

CRNOGORSKI VANZEMALJAC
(Montenegrus diaspora)

„...I što kažeš, drža' te je vascijeli dan na stend baj?... Aaaa, bruke i sramote! Pa jesi li završio što?... Jesi... Je l' ti se naša' neko?... Savo? Čiji Savo?... A, Savo, Svetov mali... E, onaj mali Savo, ono je ljudina, dajebeoca!... Jes, bogomi... A, moga' si i mene zvati... Da znaš da me vrijeđa što me nijesi zva'... Obraza mi, sredili bi to za pe' minuta... Imam, kako nemam... Pa, znaš ko ti je onđe naš čovjek?... Rođo... Rođo, Veskov brat... E, Rođo ti je puštio korijenje na tom mjestu, ima već dvije godine... A znaš ko ga je postavio tamo?... Jovo... Jovo, Žarkov kum... Naša' mu se, jer se Veskov i Rođov otac naša' onome malome Jovovom – e, jes, Krsto se zove – da doktorira na prava, u Beograd... Ne, nije stiga' da završi, samo da doktorira... Viđi, onaj što je treba' da mu završi da završi, bio je na godišnji odmor, tako da je mali mora' prvo da doktorira... Isto ka' i Luka... Luka, Đonov... Ne, no je Vesko njegov zet... Ne Đonov, no Jovov zet... Orodili se od onda otkad se Vesko naša' Jovu kad se posvađa' s Milom, zbog Rođa... Zato što se Rođo jednom ranije naša' Milu... Ne, no se sredilo tek kad je Rođo prebega' Momu... Momu, znaš čijem... E, jes... Nego, 'oćemo li se gledat' ovijeh dana?... Moga' bi... A moga' bi i ti kod mene jednom da svratiš... Kad god ti 'oćeš!... Evo, da rečemo, sjutra... Ne, no je bolje prije posla, taman da odemo neđe da ručamo..."

Crnogorski **Vanzemaljac** je vrsta koja potiče iz Nacionalnog parka CRNA GORA, **ali ga ima na svim mogućim mestima osim tamo**. Jedno od tih mesta gde ga ima, i to u ne baš malom broju, je i Nacionalni park SRBIJA.

Nastao je od vrste **Crnogorski Crnogorac** (*Montenegrus montenegro*). Spolja su gotovo identični, a razlikuju se samo po tome što Crnogorski Crnogorac i dalje živi u Nacionalnom parku CRNA GORA.

Crnogorski Vanzemaljac je i dobio takvo ime (Vanzemaljac) jer već odavno ne živi na teritoriji Nacionalnog parka CRNA GORA. No, bez obzira na to što se brojni pripadnici ove vrste i rađaju i žive u Nacionalnom parku SRBIJA, oni i dalje **zadržavaju ponašanje, navike i dijalekt nekoga ko nikada nije ni napuštao Nacionalni park CRNA GORA.**

Crnogorskog Vanzemaljca ima širom Nacionalnog parka SRBIJA, ali ga ipak možemo podeliti na dve glavne podgrupe. To su:

– **povojvođeni Crnogorac** (postoje kolonije u severnim delovima Nacionalnog parka SRBIJA)

– **pobeograđeni Crnogorac** (postoje kolonije u svim delovima Beograda).

Pošto je Crnogorski Crnogorac dugo živeo u **Plemenskoj Zajednici** *(Tsutsus piperus)*, i Crnogorski Vanzemaljac ima od njega nasleđen osećaj pripadnosti plemenu. Doduše, to je sada pripadnost nekim sasvim drugim plemenima (npr. **Eleze, Armani, Versaće**, kao i zbratimljena plemena **Dolče** i **Gabana**). Crnogorski Vanzemaljac instinktivno oseća da je pleme nešto veoma važno, pa zato uvek na sebi nosi obeležja ne jednog, već svih plemena kojima pripada (**Guči, Bruno Malji...**).

Posledica bliskosti u okviru plemena je i uzgajanje jedne biljke bez koje Crnogorski Vanzemaljac ne može da preživi. To je biljka **Veza** *(Cumus rodbinus)* →, koju on veoma pažljivo i predano gaji i nikada ne zapušta.

Osim gajenja Veze, po čemu je dobro poznat, postoje još neke osobenosti Crnogorskog Vanzemaljca koje ne nalazimo ni kod jedne druge vrste u Nacionalnom parku SRBIJA. To su:

Dajebeoca *(Tatus coitus)* →, **Svijetli Obraz** *(Obrazus luminozus)* →, **Serdarizacija** *(Serdarus voyvodus)* →, **Mobilna Kompenzacija Imobiliteta** → i još neke, o kojima se nešto više može saznati u Nacionalnom parku CRNA GORA.

ZA ONE KOJI ŽELE DA ZNAJU ŠTA JE...

→Veza (Cumus rodbinus)

Višegodišnja biljka koju Crnogorski Vanzemaljac gaji generacijama. Ukoliko se posadi u pravo vreme i na pravom mestu, Veza se lako razgrana i proširi na sve strane, omogućavajući Crnogorskom Vanzemaljcu da se popne do neslućenih visina, odnosno dokle god Veza dopire. Ako se pažljivo neguje, Veza odlično uspeva i na najteže dostupnim mestima, do kojih bi Crnogorski Vanzemaljac, bez nje, teško uspeo da stigne.

ZA ONE KOJI ŽELE DA ZNAJU ŠTA JE...

→Dajebeoca (*Tatus coitus*)

Izraz kojim se iskazuje vrhunac poštovanja nečije majke.

ZA ONE KOJI ŽELE DA ZNAJU ŠTA JE...

→Serdarizacija (*Serdarus voyvodus*)

Suština ove pojave je u tome što se neki mužjaci otvoreno udvaraju jedan drugom, među-sobno se hvaleći bez ikakvog osnova. Zvuči perverzno, ali se svodi na izreku: „Ja tebe serdarom, ti mene vojvodom, a šta smo – to samo mi znamo".

ZA ONE KOJI ŽELE DA ZNAJU ŠTA JE...

→Svijetli Obraz (*Obrazus luminozus*)

Deo tela koji Crnogorski Van-zemaljac stalno mora od nekoga ili nečega da brani. Inače, po Svi-jetlom Obrazu se Crnogorski Van-zemaljac prepoznaje, jer mu svetli u mraku kao svitac. Na njega su spremni da mu udare (u želji da mu ga potamne ili, u najmanju ruku, isprljaju) predstavnici raznih vrsta u Nacionalnom parku SRBIJA, pa čak i pripadnici nje-gove sopstvene vrste. Svijetli Obraz se sastoji od tri elementa: **Čojstvo**, **Junaštvo** i **Riječ**. Ne zna se koji je od koga važniji.

ZA ONE KOJI ŽELE DA ZNAJU ŠTA JE...

→Mobilna Kompenzacija Imobiliteta

Pojava novijeg datuma. Prvo je zabeležena kod Crnogorskog Crnogor-ca u Nacionalnom parku CRNA GORA, a onda se prenela i na Crnogorske Vanzemaljce koji žive u Nacionalnom parku SRBIJA. Reč je o neverovatno velikom broju **Mobilnih Telefona** (*Zvrndus nonstopus*) po glavi stanovni-ka, među pripadnicima neverovatno imobilne (nepokretne ili slabo pokretne) vrste. U pitanju je čista potreba za **kompenzovanjem ne-kretanja**, što se postiže imanjem i korišćenjem što više Mobilnih Telefona u jedinici vremena.

116 – osnovci: Stala je nasred učionice i počela: „Deco, da vidimo. Ko zna šta je u ponedeljak?" Jedan dečak je podigao ruku. „Stefane, hajde ti." Mališan je ustao i ispalio kao recitaciju: „Osmi mart, Dan žena! Sve žene tada imaju pravo da dobiju poklon!" Osmehnula se zadovoljno. „Tako je, Stefane. Sedi. E pa, deco, pošto sam ja žena, a istovremeno i vaša učiteljica, mislim da bi bilo lepo da me u ponedeljak iznenadite nekim poklonom. Ne mora to da bude nešto mnogo skupo, samo da može da se jede. A onda ćemo da organizujemo malo takmičenje: svakog ko mi donese jestiv poklon, pohvaliću pred celim razredom. Je l' važi?" Svi su zagrajali: „Važi!!!" „Još nešto, ako vas mame pitaju odakle vam ta ideja, recite da ste se svega sami setili, jer volite svoju učiteljicu. Je l' važi?" „Važi!!!" „A one koji budu protiv toga da mi donosite poklone, slobodno tužite meni, pa ću ja onda znati čiji mama i tata me vole, a čiji me ne vole, pa ćemo onda da vidimo kako da nateramo ove druge da me vole, kô bele lale. Je l' važi?" „Važi!!!"

PROSVETNI JADNIK
(Profus yadibedus)

– srednjoškolci: Profesor je taman zaustio da kaže: „Zatvorite bar vrata za sobom, promaja je...“ , a vrata su se s jezivim treskom zatvorila iza Pešićeve i Lazarevićeve, koje su, po svemu sudeći, ponovo otišle da zamene brushaltere. Nije stigao ni da podigne popadale papire s poda, a vrata su se ponovo otvorila, ovog puta da prime Mihajlovića, koji mu je deset minuta ranije uzeo „na zajam“ poslednjih deset dinara, jer mu je toliko falilo za još osam piva. Grupica u zadnjoj klupi do zida, koja je na portabl TV-u pratila prenos utakmice, bučno je pozdravila donosioca piva. Kad se klicanje stišalo, pokušao je na trenutak da nadglasa žamor, bar da bi upisao čas, ali zatišje nije dugo potrajalo jer je pao gol. Žalio je za prepodnevnom smenom, kada svi spavaju do trećeg časa, pa se ne bune čak i kad nešto predaje, ako to radi tiho. Pogledao je na sat, a zatim ustao, polako skupio svoje stvari, vratio pištolj u futrolu i izašao mnogo pre zvona. Niko nije ni primetio.

Prosvetni **Jadnik** *(Profus yadibedus)* je jedna od onih vrsta koje su nastale mutacijom, i to od vrste **Prosvetni Radnik** *(Profus autoritetus)* →, a usled intenzivnih klimatsko-socijalnih promena. Problem je u tome što je Prosvetni Jadnik vrsta koja još nije dovoljno prilagođena životu u Nacionalnom parku SRBIJA, a Prosvetni Radnik je, kao vrsta, gotovo izumro.

Kao što mu je i ime mutiralo iz **Radnika** u **Jadnika**, kod njega je, sledstveno tome, sve poremećeno: tako radni dan postaje *jadni dan*, radna subota – *jadna subota*, radni vek – *jadni vek*, minuli rad – *minuli jad*, broj radnih dana u godini – broj *jadnih dana* itd.

Kod Prosvetnog Jadnika, dakle, upada u oči jedna pojava koja označava neprilagođenost životu u Nacionalnom parku SRBIJA i koja se zove – **Jadnost** (kod nekih autora

– **Jadnitet** ili **Jadnoća**). Količina **Jadnosti** izražava se **Jadnosnim faktorom** →, koji ide od nula pa do u beskonačno. Kao i neke druge vrste [**Neplaćeni (Državni) Lekar, Zapostavljeni Građanin**], i Prosvetni Jadnik ima hroničnih problema sa održanjem vrste, usled fenomena poznatog kao **kašnjenje Platice** (*Smeyuria*). Pošto je životni ciklus Prosvetnog Jadnika oduvek bio vezan za Platicu, a ova ima tendenciju da sve redovnije i redovnije kasni, Prosvetni Jadnik je morao da razvije neke paralelene tehnike zaštite kako bi uopšte mogao da opstane u Nacionalnom parku SRBIJA. Neke od tih tehnika su:

– **tehnika tvrdoglave nezainteresovanosti** (poznata i kao: *Divljajte vi, a ja ću da predajem, pa kome pre dosadi...*)

– **tehnika dopunskog popodnevnog posla** (tzv. **multilevel tehnika** ili *Mali vam je dobar, ali može da bude i bolji ako od mene kupite Super Secka/Čistka/Briska...*)

– **tehnika zloupotrebe imovnog stanja roditelja** (funkcioniše po sistemu unakrsnog ispitivanja: *Šta ti je tata/mama po zanimanju?*, *Tvoji bi baš mogli da kupe epruvete/knjige/kasetofon/televizor za školu...*)

– **tehnika zloupotrebe ekskurzije** (Prosvetni Jadnik vodi svoje mladunce na ekskurziju **besplatno**, preko turističke agencije s kojom je u dogovoru)

– **tehnika zaljubljenosti u svoj posao** (tehnika koja kratkoročno koristi, ali dugoročno šteti Prosvetnom Jadniku, čineći ga na kraju još jadnijim).

tehnika tvrdoglave nezainteresovanosti	tehnika dopunskog popodnevnog posla	tehnika zloupotrebe imovnog stanja roditelja	tehnika zloupotrebe ekskurzije	tehnika zaljubljenosti u svoj posao

ZA ONE KOJI ŽELE DA ZNAJU ŠTA JE...

→Jadnosni faktor

To je vrednost (tačnije, bezvrednost) kojom se izražava **borba Prosvetnog Jadnika za goli život** usled neprilagođenosti životu u Nacionalnom parku SRBIJA. Što je faktor veći i neprilagođenost je veća, te, samim tim, borba za goli život teža. Maksimum **jadnosti** još nije izmeren, ali se pretpostavlja da u Nacionalnom parku SRBIJA žive neprikosnoveni svetski rekorderi u **prosvetnoj jadnosti**. Jedini koji iole mogu da im konkurišu u ovoj kategoriji su primerci iz nekih afričkih ili, eventualno, azijskih nacionalnih parkova.

AFRIČKI JADNOSNI FAKTOR

AFRIČKI PROSVETNI JADNIK

ZA ONE KOJI ŽELE DA ZNAJU ŠTA JE...

→Prosvetni Radnik *(Profus autoritetus)*

Legenda kaže da je gotovo izumrli Prosvetni Radnik bio neka vrsta mitskog stvorenja i, kao takav, ne samo što je bio u stanju da uđe i izađe iz učionice kad god hoće (bez potrebe da eskivira kredu ili sunđer kojim bi ga danas redovno gađali), već je često uspevao i **nečemu da nauči tuđe mladunce**, i to putem predavanja. Postoje i oni koji idu i korak dalje, tvrdeći da je Prosvetni Radnik predstavljao čak i **autoritet** tim istim tuđim mladuncima, u šta je danas teško poverovati.

Na primeru jedne (ne)radne nedelje u životu **Prinudnog (Ne)radnika** saznaćemo apsolutno sve što je potrebno znati o toj vrsti. I o **Paradajzu** →

PRINUDNI (NE)RADNIK
mužjak *(Arbaitus paradaiz)*

PONEDELJAK: Ustao je u 9, ignorisao ukućane, doručkovao, stavio hleb, paradajz i pivo u kesu i otišao na Adu Ciganliju. Vratio se tek predveče. Ignorisao ukućane, večerao, pogledao omiljenu seriju i legao.

UTORAK: Ustao je u 9, ignorisao ukućane, doručkovao, stavio hleb, paradajz i pivo u kesu i otišao na Adu Ciganliju. Vratio se tek predveče. Ignorisao ukućane, večerao, pogledao omiljenu seriju i legao.

SREDA: Ustao je u 9, ignorisao ukućane, doručkovao, stavio hleb, paradajz i pivo u kesu i otišao na Adu Ciganliju. Vratio se tek pred-veče. Ignorisao ukućane, večerao, pogledao omiljenu seriju i legao.

ČETVRTAK: Ustao je u 9, ignorisao ukućane, doručkovao, stavio hleb i paradajz (piva je ponestalo) u kesu i otišao na Adu Ciganliju. Vratio se tek predveče. Ignorisao ukućane, večerao, pogledao omiljenu seriju i legao.

PETAK: Ustao je u 9, ignorisao ukućane, doručkovao, stavio hleb i paradajz pod mišku (kesa se pocepala) i otišao na Adu Ciganliju. Odande telefonirao u firmu da se raspita kad se deli pretposlednji deo od 70% od plate. Vratio se tek predveče. Ignorisao ukućane, večerao, pogledao omiljenu seriju i legao.

NAPOMENA: Zimi Adu Ciganliju zamenjuje Buvljak.

ženka

PONEDELJAK: Ustala je u 6, kupila hleb, oprala paradajz, otpratila muža i decu iz kuće i ostala da sprema kuću i ručak. Završila je tek predveče. Spremila svima večeru, pogledala omiljenu seriju i legla.

UTORAK: Ustala je u 6, kupila hleb, oprala paradajz, otpratila muža i decu iz kuće i ostala da sprema kuću i ručak. Završila je tek predveče. Spremila svima večeru, pogledala omiljenu seriju i legla.

SREDA: Ustala je u 6, kupila hleb, oprala paradajz, otpratila muža i decu iz kuće i ostala da sprema kuću i ručak. Završila je tek predveče. Spremila svima večeru, pogledala omiljenu seriju i legla.

ČETVRTAK: Ustala je u 6, kupila hleb, oprala paradajz, otpratila muža i decu iz kuće i ostala da sprema kuću i ručak. Završila je tek predveče. Spremila svima večeru, pogledala omiljenu seriju i legla.

PETAK: Ustala je u 6, kupila hleb, oprala paradajz, otpratila muža i decu iz kuće i ostala da sprema kuću i ručak. Završila je tek predveče. Spremila svima večeru, legla i zaspala ne sačekavši seriju.

 SUBOTA/NEDELJA: Skoknuli u selo po paradajz za sledeću nedelju.

ZA ONE KOJI ŽELE DA ZNAJU ŠTA JE...

→Paradajz (Paradaiz)
a) Biljka čijim se plodom hrani vrsta Prinudni (Ne)radnik
b) Raj

Zadržite vazduh. Na redu su...

SMRADOVI
(Smradus multiplex)

Većina vrsta koje pripadaju ovoj kategoriji nisu detaljno prikazane, jer nisu mogle biti adekvatno proučene. Zašto? Najblaže rečeno – zato što ne mirišu prijatno, pa nije preporučljivo prilaziti im blizu. A pošto je, grublje rečeno, u pitanju veoma specifičan **smrad**, tu nikakvo **pranje** ne pomaže. To je posledica teškog samozapuštanja po pitanju moralne, profesionalne i mentalne higijene, i to baš od strane onih koji nose veću odgovornost od drugih za izgled i sudbinu Parka. Zato ćemo neke od

ZLOUPOTREBLJIVI INTELEKTUALAC I reda
(Smradus academicus)

ZLOUPOTREBLJIVI INTELEKTUALAC II reda
(Smradus intelectualis)

PSEUDOSVEŠTENIK
(Smradus ateistus)

KAPARISANI UMETNIK
(Smradus artistus)

tih vrsta ovde pomenuti, ali ćemo zadržati distancu, iz higijenskih razloga:

ZLOUPOTREBLJIVI INTELEKTUALAC
(Smradus intelectualis)

PSEUDOSVEŠTENIK *(Smradus ateistus)*

KAPARISANI UMETNIK *(Smradus artistus)*

POSLUŠNI SUDIJA *(Smradus arbitaris)*

PRISTRASNI NOVINAR *(Smradus informatio)*

KORISTOLJUBIVI HUMANISTA
(Smradus humanus)

NESTRUČNI STRUČNJAK *(Smradus expertus)*

...Ima ih još, ali je vrlo teško biti s većim brojem njih u isto vreme, na istom mestu.

Od svih pobrojanih Smradova, jedini koji je mogao biti detaljnije proučen na prethodnim stranicama (pa ga zato i nema na spisku) je **Pokvareni Političar**← *(Smradus bescrupulozus)*, i to zahvaljujući intenzivnom, bljutavo-slatkastom, kamuflirajućem mirisu Demagogije, mirisu koji ga svuda prati i koji može privremeno da priguši njegov snažni autentični smrad. Zato za Pokvarenim Političarem često ide (potpuno pogrešna) priča da „nit smrdi nit miriše".

Pre svega zato što se nisu stekli (mirisni) uslovi za njihovo temeljnije izučavanje, ali i s obzirom na njihov trenutni doprinos unapređenju Nacionalnog parka SRBIJA, Smradovi su tu gde jesu – na samom kraju.

POSLUŠNI SUDIJA
(Smradus arbitaris)

PRISTRASNI NOVINAR
(Smradus informatio)

KORISTOLJUBIVI HUMANISTA
(Smradus humanus)

NESTRUČNI STRUČNJAK
(Smradus expertus)

IZLAZ

Vi uskoro napuštate Nacionalni park SRBIJA.

Videćete da izlazak nije ništa manje komplikovana i rizična procedura od ulaska. Potrebno je, pre svega, da znate da nije ni preporučljivo ni moguće previše brzo i lako izaći iz SRBIJE. Izlazak mora biti postepen, kao što ronilac mora postepeno da izlazi na površinu. Za takav, ne previše nagao, ponekad do bola usporen izlazak iz SRBIJE, pobrinuli su se Naplaćivači takse za izlazak iz Parka *(Caznus exitus)*, Osmišljavači disfunkcionalnosti benzinskih pumpi *(Sipus iscantus)*, kao i Izmeštači najbližeg internacionalnog aerodroma izvan granica SRBIJE *(Budim pestus)*.

Ako ste proveli duže vreme u SRBIJI, ne izlazeći van Parka, treba prilikom izlaska da budete spremni na izvestan gubitak orijentacije u vremenu i prostoru, jer duži boravak u SRBIJI ima efekat vremeplova, zaglavljenog u prošlosti najmanje jednu deceniju.

Nije nemoguće da po izlasku osetite izvesnu dozu nostalgije za svojevrsnim neopterećujućim, hedonističkim stavom prema životu, onim koji je u SRBIJI oduvek postojao, kao i za druženjem sa toplim, srdačnim, komunikativnim i obrazovanim predstavnicima pojedinih vrsta. Moguće je, čak, da zbog toga poželite da ponovo posetite SRBIJU. Samo izvolite, ali znajte da će vam trebati jedna viza i puno deviza...

I na kraju, kada izađete iz SRBIJE, nemojte misliti da ste poludeli ako vam gotovo sve što je izvan Parka bude izgledalo lepše, uređenije, jednostavnije, logičnije i perspektivnije. Tako i treba da vam izgleda. Nacionalni park SRBIJA, sa svim svojim vrstama i pojavama, predstavlja samo zanimljiv eksperiment kojim se završava jedan i počinje drugi vek, eksperiment kojem niti nazire mo kraj, niti shvatamo cilj, pa samim tim još uvek nismo u mogućnosti da ustanovimo da li je uspeo ili propao.

SADRŽAJ

PROTESTNI TELEGRAM UPRAVE NACIONALNOG PARKA SRBIJA

Uprava Nacionalnog parka SRBIJA oštro protestuje povodom upadljivog ignorisanja nje (Uprave) u ovoj, takozvanoj, knjizi, kao i povodom sadržine nekih delova iste (Upozorenje, Ulaz, Izlaz), odgovorno tvrdeći da su prepuni zlonamernih insinuacija i tendencioznih tvrdnji, koje samo idu u prilog osvedočenim neprijateljima Parka, koji svakodnevno, a preko unutarparkovnih plaćenika i njihovih slugu, nastavljaju svoj prljavi specijalni rat protiv nedužnih žitelja Parka i ispravne i principijelne politike njegove Uprave. Srećom, to im se svakodnevno vraća kroz požare, poplave, zemljotrese, uragane, tornada, mećave, odrone, klizišta, padove aviona, potonuća brodova, železničke i druge nesreće, kao i kroz raznorazne boleštine koje su, uostalom, i potekle iz njihovih izvitoperenih i nenarodnih sistema.

Ipak, neka znaju svi ti (iz dana u dan sve brojniji) neprijatelji, kojima je jedini interes da šire gnusne laži o jednom malom ali ponosnom Parku i njegovim poštenim ali dostojanstvenim žiteljima, da je njihovo (neprijateljsko) vreme na izmaku i da je samo pitanje trenutka (eventualno sata) kada će prava i puna istina o Nacionalnom parku SRBIJA konačno izaći na videlo.

Legalno izabrana Uprava Nacionalnog parka SRBIJA

DRAGOLJUB LJUBIČIĆ MIĆKO

Rođen je 1962. godine u Beogradu. Završio je gimnaziju
i nižu muzičku školu. Studije prava prekinuo je na trećoj
godini. Od tada se bavi marketingom, scenskim radom
i muzikom.

Kao glumac i tekstopisac u *Indexovom pozorištu* oštro je
kritikovao vlast i društvo, koristeći se humorom, satirom
i farsom. U filmu Želimira Žilnika *Tito po drugi put među
Srbima* bio je koautor i igrao naslovnu ulogu,
a u romantičnoj komediji *Potera za sreć(k)om* pojavio se kao
jedan od glavnih junaka. U autorskim emisijama na radiju
i televiziji vodio je kontakt programe sa širokim
auditorijumom, spajajući socijalnu problematiku i dobru
zabavu. Izdao je CD *Truba ... i druge priče*, na kojem je
kompletan autor muzike i teksta. Jedan je od osnivača
marketinške agencije *Tim talenata*, gde obavlja poslove
direktora i kreativnog direktora.

Inspiraciju za sve što radi crpi iz sopstvene životne
sredine, ali i sa brojnih putovanja po svetu.

Krajem 1999. napisao je knjigu *Nacionalni park Srbija*,
koja je do danas štampana u devet izdanja i prodata
u preko 100.000 primeraka, jer je vrlo brzo postala jedna
od prvih piratski štampanih knjiga na ovim prostorima.

Živi i radi u Beogradu.

Biblioteka
Bez dlake na jeziku

Nacionalni park SRBIJA
deseto izdanje

Napisao
Dragoljub Ljubičić Mićko
www.mickoljubicic.com
e-mail: micko.lj@eunet.yu

Ilustrovao
Dobrosav Bob Živković

Konsultant za šarlatinski
Mina Račić

Lektor
Violeta Babić

Prelom
Nebojša Mitić

Izdaje
Kreativni centar, Beograd, Gradištanska 8
tel. 011/ 38 20 464, 38 20 483, 24 40 659

Internet
e-mail: info@kreativnicentar.co.yu
www.kreativnicentar.co.yu

Glavni i odgovorni urednik
dr Simeon Marinković

Za izdavača
Ljiljana Marinković, direktor

Štampa
GRAFIPROF

Tiraž
5000

ISBN 86-7781-509-0

CIP – Каталогизација у публикацији
Народна библиотека Србије, Београд

821.163.41-7
821.163.41-84

ЉУБИЧИЋ, Драгољуб
    Nacionalni park SRBIJA / napisao
Dragoljub Ljubičić Mićko ; ilustrovao
Dobrosav Bob Živković. - 10 izd. - Beograd
: Kreativni centar, 2006 (Beograd :
Grafiprof). - 88 str. : ilustr. ; 24 cm.
- (Biblioteka Bez dlake na jeziku)

Tiraž 5.000. - Dragoljub Ljubičić Mićko:
str. 87.

ISBN 86-7781-509-0
1. Живковић, Добросав

COBISS.SR-ID 134496012